AF206456

So einfach geht das

SCHREIBEN
und
VERÖFFENTLICHEN

von Büchern

In sieben Schritten

vom Textentwurf bis in alle Buchshops dieser Welt!

Band 3

Ein Buch aus der Reihe

Newcomer schreiben Bücher

JETZT geht's los!

Du hast dich optimal vorbereitet, hast alle Schritte aus meinem
Buch - Band 2

„Mit einer optimalen Vorbereitung
problemlos ein Buch schreiben"

Umgesetzt und deine „Schreibwerkstatt" eingerichtet.
Gleichzeitig hast du dich bei allen nötigen „Profipartnern"
angemeldet und dir einige Tage Ruhe gegönnt.

Nun bist du ausgeruht und voller Tatendrang und jetzt

schreibst du endlich dein erstes Buch!

Dieses Buch ist die Fortsetzung von Band 2 und es soll dir

aufzeigen, wie einfach es ist, ein Buch (dein Buch) ohne Druck

und Stress zu schreiben und dann professionell zu

veröffentlichen.

Impressum

Bibliografische Informationen der Deutschen Nationalbibliothek:

Die Deutsche Nationalbibliothek verzeichnet diese Publikation in der Deutschen Nationalbibliografie; detaillierte bibliografische daten sind im Internet über http://dnb.dnb.de abrufbar.

2018 – Theo Gitzen
Herstellung und Verlag
BoD-Books on Demand, Norderstedt

ISBN-9783748 129608

Inhalt:

Theo Gitzen

Autor der Buchserien

Leistungsdiagnostik im Amateur und

Jugendfußball

und des Buchbandes

Newcomer schreiben Bücher

Mit seinem Buchband „Newcomer schreiben Bücher" hat der Autor einen klaren „Leitfaden" für jeden, der einmal ein Buch schreiben möchte, erstellt.

Auf seinem Weg, endlich sein erstes Buch zu schreiben, geriet er in einen schier undurchdringbaren Dschungel, bestehend aus Informationen, Hinweisen und Ratschlägen, wie man richtig ein Buch schreibt und worauf man zu achten hat.

Artikel für Artikel, las er aufmerksam durch, nahm an Videokonferenzen teil und kaufte Fachbücher. Am Ende hatte er nicht nur nichts verstanden, sondern war völlig überladen mit Informationen, die ihm seine Fragen aber leider nicht beantworteten.

Ihn interessierte vielmehr die Antwort auf Fragen, wie geht das Schreiben von Büchern, wie und wo veröffentliche ich und auf was muss ich unbedingt achten.

Nachdem der Autor für sein erstes Buch sagenhafte zwei Monate brauchte, hat er beschlossen, in seinen 3 Bänden der Buchreihe „Newcomer schreiben Bücher" eine einfache und klare Antwort auf all die Fragen rund ums Schreiben zu geben, damit kein Anfänger mehr dieser Flut an Informationen ausgesetzt wird.

Vorwort

Egal ob du dieses Buch selbst gekauft oder geschenkt bekommen hast, du hältst es in der Hand und hast den ersten, entscheidenden Schritt getan. Du hast deinen bisher geheimen und inneren Wunschgedanken, dein erstes Buch zu schreiben, zum Leben erweckt.

In diesem Buch werde ich dir aufzeigen, wie einfach es ist, ein Buch zu schreiben und auch zu veröffentlichen, wenn du im Vorfeld alles Nötige bestens organisiert hast.

Das einzige, was du tun musst ist „Schreiben" und dich akribisch an die weiteren Vorgaben halten.

Warum sage ich dir das?

Wenn du mein zweites Buch

Mit einer optimalen Vorbereitung problemlos ein Buch schreiben
10 grundlegende Empfehlungen damit du mit dem Schreiben endlich loslegen kannst

nicht nur gelesen, sondern auch jede Empfehlung akribisch umgesetzt hast, bist du nun bestens vorbereitet, um endlich mit dem Schreiben loszulegen.

Jetzt sind es nur noch 10 kleine Schritte bis dein Buch/E-Book in allen erdenklichen Büchershops und Verlagen weltweit zu kaufen ist.

Ich habe versucht, die Schritte so aufzubauen und zu beschreiben, dass du diese, ohne großartig darüber nachzudenken, abarbeiten kannst. Zusätzlich gibt es eine ganze Menge an Screenshots, die die jeweiligen Erläuterungen ergänzen sollen.

Genug jetzt der vielen Worte. Lass uns anfangen!

Schritt 1

Jetzt schreibst du dein Buch

Ungestört, mit viel Freude und ohne organisatorischen Druck!

Ich gehe mal davon aus, dass du dich klar an meine Empfehlung Nr. 10 aus Band 2, „Gönne dir ein paar Tage Ruhe-bevor du anfängst zu schreiben", gehalten hast und jetzt förmlich brennst, endlich loszulegen.

Aber halt!
Da war doch noch etwas! Ein paar Punkte solltest du noch erledigen und einige Fragen beantworten.

1. **Die Struktur deines Buchinhaltes.**
   An wen (welche Leser) ist mein Buch gerichtet? Handelt es sich um einen Roman, eine Fantasiegeschichte oder ist es ein Fach- oder Kochbuch? Sie alle haben unterschiedliche Lesergruppen, die auch unterschiedlich anzusprechen sind.

2. **Welches Format und welche Form des Umschlags ist geeignet?**
   Kinderbuch, Fachbuch, Hardcover oder einfach Heftbindung. Das ist wichtig, da das Buch von Anfang an in die richtige Form gebracht werden sollte (Bilder, Zeichnungen, Stärke der Blätter etc.).
   Genauere Informationen rund um das Thema Buchformat findest du unter:
   https://www.bod.de/autoren/buch-veroeffentlichen/buchausstattung.html

3. **Wie könnte der Titel lauten?**

   Das ist am Anfang noch nicht so wichtig, weil die Festlegung zu einem Titel sehr einschränkend sein kann. Trotzdem solltest du dir einen Titel ausdenken und ihn bei Google recherchieren. Wenn er schon vorkommt, und weit über 100.000 Berichte dazu zu finden sind, dann ist dein Thema gut, aber den Titel kannst du dann leider nicht verwenden. Du kannst dir aber jederzeit und auch zwischendurch einen passenden Titel ausdenken.

4. **Die Charaktere-, Ereignis- und Orte-Struktur**

   Solltest du einen langen Roman, oder ein umfangreiches Buch schreiben wollen, ist es ratsam, am Anfang eine Liste (Struktur) anzulegen, wo du für Personen eine Identität festlegst, Orten ein Datum und ein Merkmal zuweist und Ereignisse beschreibst. Diese Liste (Evernote oder Scrivener oder auch nur auf dem Papier) soll dir als roter Leitfaden dienen. Du weißt so immer, auch wenn die handelnde Person nur hier und da in deinem Roman vorkommt, um wen es sich handelt, was ihre Vorlieben sind und so weiter. Das gleiche betrifft auch Fachbücher und Fantasieromane.

5. **Die Kapitel**

   Wenn es geht, mach dir ein paar Notizen, in denen du versuchst die einzelnen Kapitel (Ereignisabschnitte) zu benennen. Das ist einfach nur ein Anhaltspunkt für dich, um zu erkennen, wann die Handlung eine Wendung nimmt oder etwas Neues eintritt. Bei Fachbüchern ist das ebenfalls sinnvoll und auch relativ einfach, da du eigentlich weißt, wofür du mit einem Kapitel (Beschreibung oder Thema) anfängst.

Du kannst mit dem Organisations- und Hilfsprogramm „Trello„ (www.trello.com) im Vorfeld nicht nur Kapitel anlegen, sondern auch Ereignisse, Personen, Zeiten etc. beschreiben und jederzeit auf die Informationen und Daten zugreifen, ohne, dass Verwechslungen auftreten.

Für all diese Dinge brauchst du wirklich nicht lange, da du sie ja jederzeit umschreiben oder ergänzen kannst.

Jetzt aber genug der Quälerei!

Ab jetzt wird geschrieben.

Ups – ich sehe dich schon, wie du nun vor deinem PC sitzt, du hast das Schreibformat auf die Form deines Buches eingestellt (A4/A5 etc.) und starrst nun entgeistert auf ein leeres Blatt auf deinem Bildschirm.

Alles, was du dir noch vor ein paar Tagen zurechtgelegt hast, alles, was einfach so aus dir rausgesprudelt wäre, ist wie weggeblasen und du denkst, die Empfehlung, dir ein paar Tage Ruhe zu gönnen, war total mies. Aber ich kann dich beruhigen und ich wette, in wenigen Minuten hämmern deine Finger auf die Tastatur, dein Blatt füllt sich Seite um Seite und aus deinem Kopf sprudelt die Kreativität.

Wie soll das gehen? - fragst du dich?

Nun ganz einfach. Du schreibst - ohne nachzudenken - einfach ein paar Zeilen, die dir gerade so einfallen, egal was, dann schwenkst du um zum Thema, über das du schreiben willst, und löschst hinterher den Quatsch, den du am Anfang als „Starter" benötigt hast.

Zum Beispiel willst du über deine letzte Kreuzfahrt und deine Freundin Tina, die sich in deinen Vater verliebt hat und womit du unzufrieden bist, einen Roman schreiben.

Du fängst einfach an!

An einem lauen Sommertag saß ich im Garten und schaute verträumt einer dicken Hummel zu, wie sie versuchte von einer zur anderen Blüte zu fliegen, als sich plötzlich mein Vater mit einem verschmitzten Grinsen zu mir auf die Bank setzte und so nebenbei, als würde es ihn nur am Rande interessieren, fragte, was ich denn von einer gemeinsamen Kreuzfahrt mit meiner Freundin Tina und ihm in die Karibik halten würde. Unwillkürlich hielt ich die Luft an. Hatte ich richtig gehört? Der alte Geizkragen will uns zu einer Kreuzfahrt einladen - und schon bist du im Thema - und schon bist du im „Schreibfluss".

Seite um Seite füllt sich nun dein Buch.

Und so ist es auch mit deinem Thema. Du schreibst bis du fertig bist. Es ist egal, ob du 300 Wörter oder 1000 oder 3000 pro Tag schreibst. Wenn du einen Lauf hast, nutze ihn, solange es geht. Die nächste Unterbrechung (du wirst gestört oder ein Termin ruft) kommt bestimmt. Schreib nicht, wenn du nicht in Stimmung bist, da kommt nur Blödsinn raus.

Sollten dir unterwegs oder auch während dem Schreiben Gedanken zu deinem Buch kommen, mach dir eine kurze Notiz (ganz wichtig). Wenn du das nicht machst, ist die Idee schnell wieder vergessen und sie fällt dir auch so schnell nicht wieder ein.

Eine gute Ablenkung während dem Schreiben ist das Anordnen von Bildern.

So platziere ich entweder ein Kästchen in meinen Text, der ein Bild ersetzen soll und schreibe in das Kästchen, was im Bild enthalten sein soll, oder trage es in eine Bilderliste (Ordner-Organisation), Evernote/Scrivener oder noch besser bei www.trello.com ein.

Bild 2 (Bank mit meinem Vater am Teich hinterm Haus)

Hinweis:

Wie du ein Buch (den Inhalt) richtig und professionell aufbaust, Spannung erzeugst und hochhältst, das beschreibt eindrucksvoll Dr. Anette Huesmann,die Schreibtrainerin, unter

https://www.die-schreibtrainerin.de/wie-schreibt-man-ein-buch/

Uff – du hast es geschafft. Der Text deines Buches steht.

Gut gemacht!

Jetzt machst du mal wieder eine Pause, fährst den PC herunter und gönnst dir etwas Schönes. Und du versprichst, bis morgen nicht an den PC zu gehen.

Am nächsten Tag öffnest du dein Textdokument, lehnst dich zurück und liest es dir (ohne dich selbst zu unterbrechen aufgrund eines Fehlers, den du siehst oder einer verdrehten Textpassage) durch.

Und wie hört es sich an?

Ich bin sicher es ist schon richtig gut.

Jetzt liest du es dir noch einmal durch. Und diesmal korrigierst du, was zu korrigieren ist. Berichtigst erkennbare Schreibfehler und verdrehte Sätze baust du um. Dann machst du wieder eine Pause (Abstand schaffen - raus aus dem Text) und dann liest du dir den Text erneut vor. Solange, bis du genug hast oder dir der Inhalt gefällt.

Fertig!

Schritt 2
Die professionelle Korrektur
Fiverr – Freelancer für Textkorrekturen

Dein Text steht!

Bild 2 – Auszug aus meinem Text vor der Korrektur

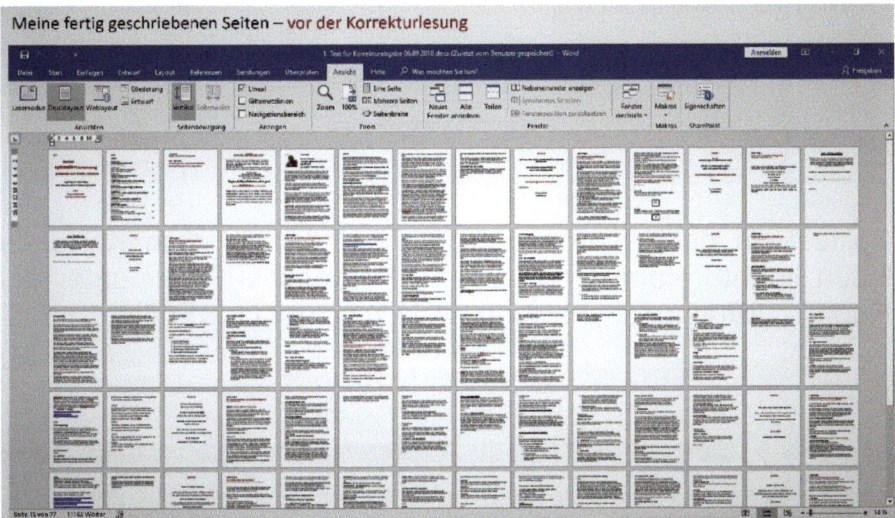

Du bist zufrieden, hast viele Seiten geschrieben und mit Bildhaltern versehen und willst jetzt dein Buch möglichst schnell veröffentlichen.

Hab noch ein wenig Geduld. Ab hier musst du auf die anderen, die dir helfen sollen, dass dein Buch auch perfekt ist, warten.

Jetzt geht es erst einmal darum, dass du deinen Buchinhalt (Text) korrigieren lässt. Dazu loggst du dich mit deinen Zugangsdaten bei Fiverr ein.

Login bei Fiverr

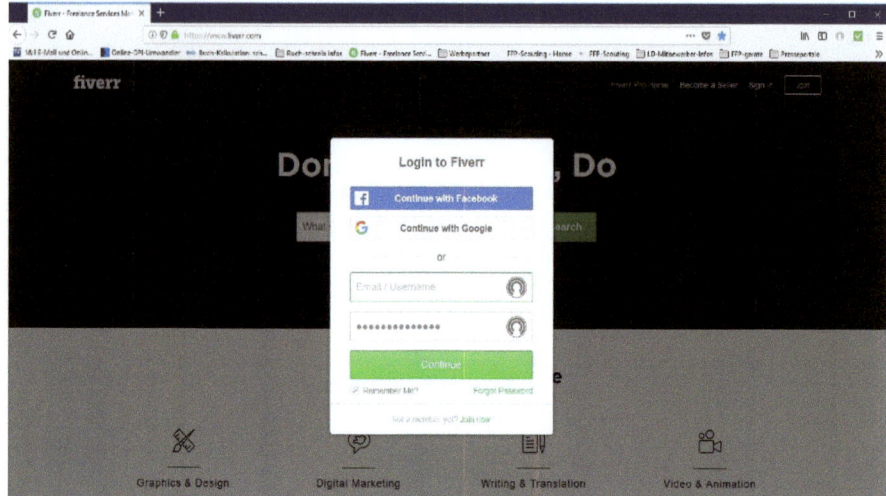

Solltest du noch niemanden kennen, der für dich Korrektur lesen könnte, kannst du dir eine Person bei Fiverr unter der Rubrik „Writing&Translation / Proofreading&Editing" aus-suchen.

Auswahlfenster „Proofreading & Editing"

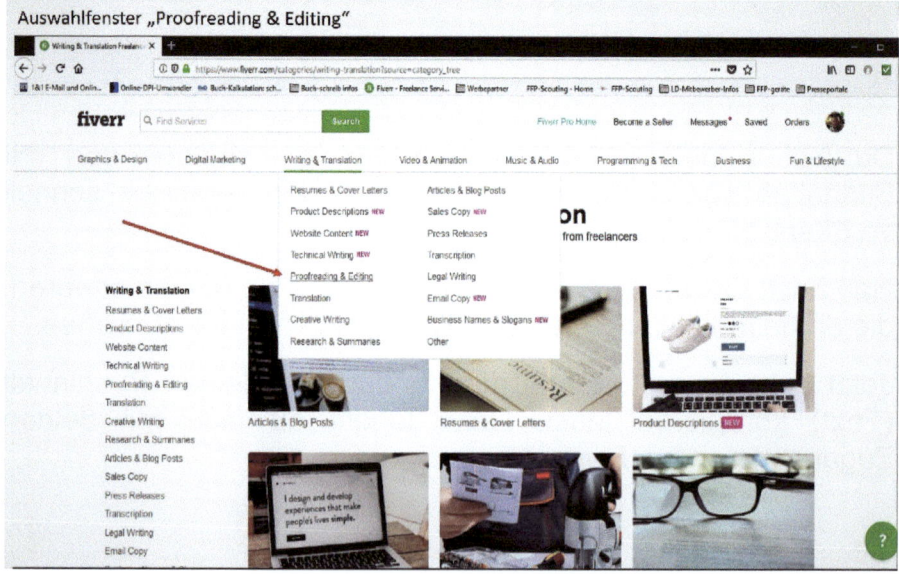

Leider ist die gesamte Menüführung und Inhaltsbeschreibung ausschließlich in englischer Sprache gehalten. Deshalb habe ich hier noch einmal ein Bild angehängt, in dem du genau sehen kannst, wie du jemanden findest, der zu dir passen könnte.

Bild 5 – Auswahl Freelancer Selektierung auf Deutsch

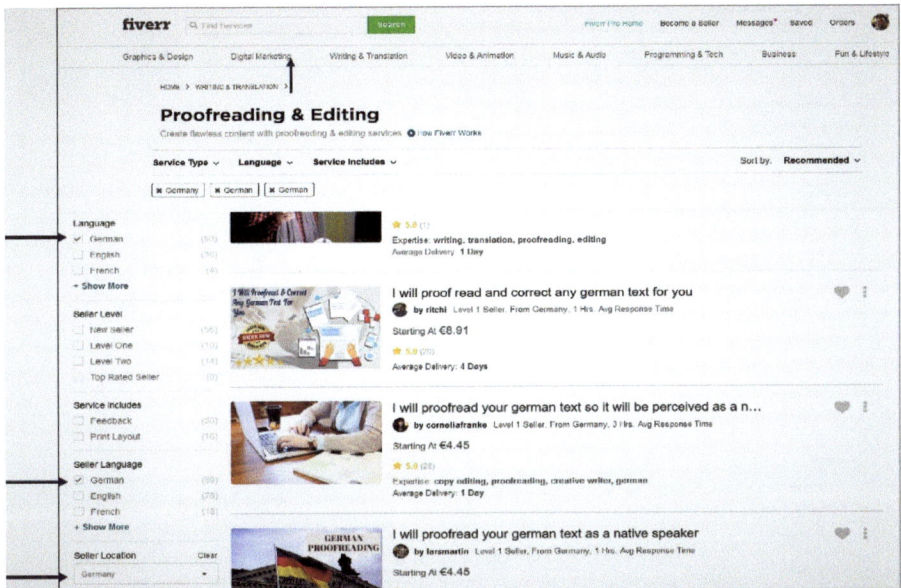

Jetzt musst du leider jeden Anbieter, der dir gefällt, anklicken und dir durchlesen, wie viele Kunden er hat und was er so alles anbietet. Auch gibt es zu den meisten sogenannte Kundenbewertungen.

Hinter jedem Freelancer steht ein Profil, in dem du Informationen zu seinen Erfahrungen und Angeboten finden kannst.

Leider auch wieder alles nur auf Englisch. Mein Tipp; Wenn du Englisch nicht so gut oder gar nicht verstehst, kopiere dir den Text in den Google-Translator und lass es dir übersetzen.

Solltest du niemanden für die Textkorrektur finden, probier es einfach mal bei julia_gl. Einfach den Namen ins Suchfenster eingeben und suchen lassen.

Bild 6 – Datenblatt eines Freelancers

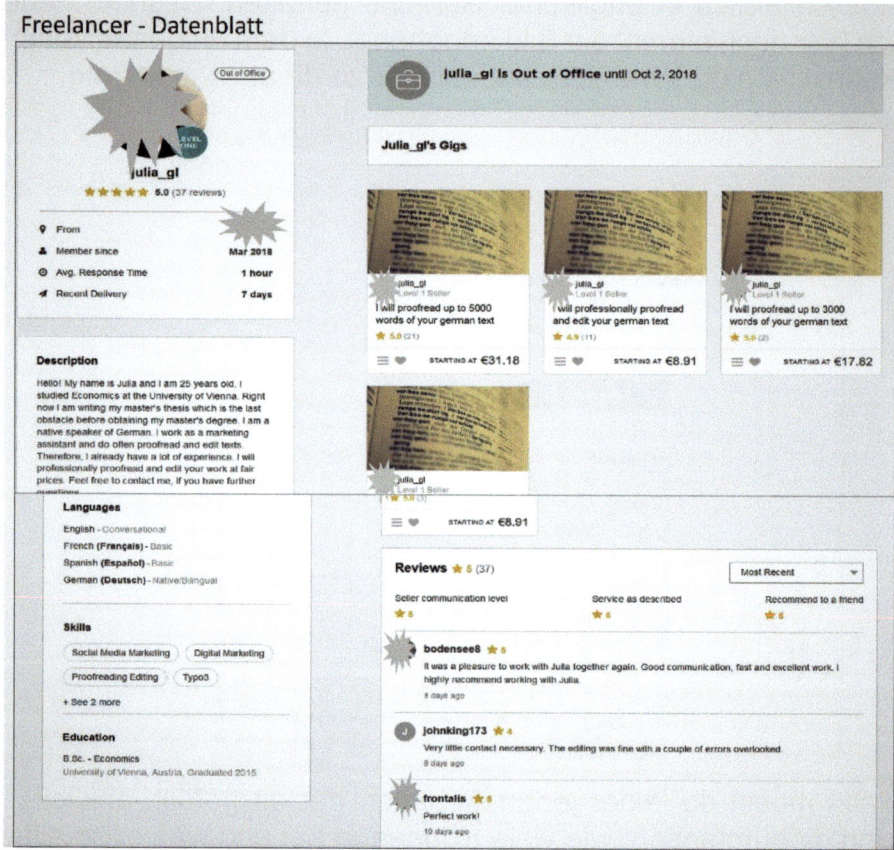

Du hast dich nun für einen Freelancer entschieden und möchtest ihn um ein Angebot bitten. Dazu klickst du einfach auf „Contact me" und gibst in das Fenster, welches sich nun öffnet, einfach deine Anfrage ein.

TEXT:
Hallo (Name), ich würde gerne von Ihnen meinen Text korrigieren lassen. Bitte schicken Sie mir ein Angebot. Mein Text beinhaltet xxx Wörter (siehe die Anzahl der Wörter im Worddokument unten links).

Angebotsanfrage Buch 5 an julia_gl

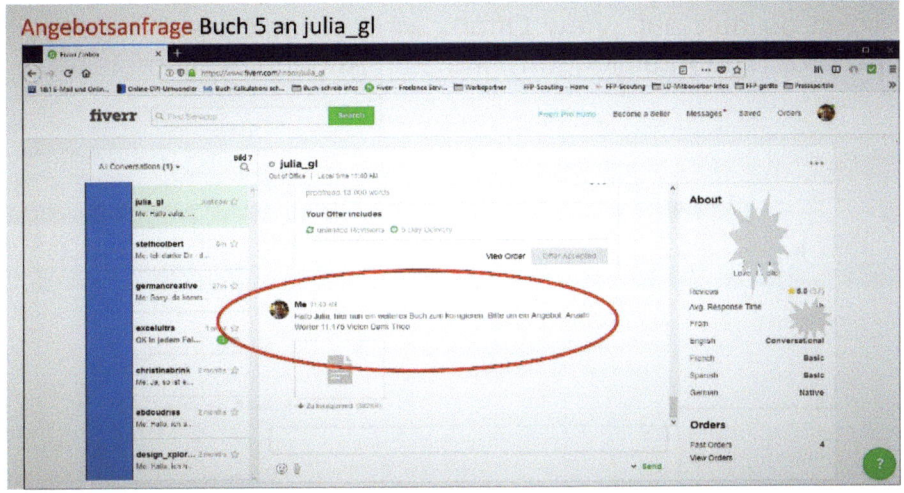

In der Regel antworten die Freelancer sehr zeitnah. Das heißt innerhalb von 1-2 Tagen erhältst du ein Angebot.

Bild 8 – Das Angebot

Angebot - Buch 5 von julia_gl

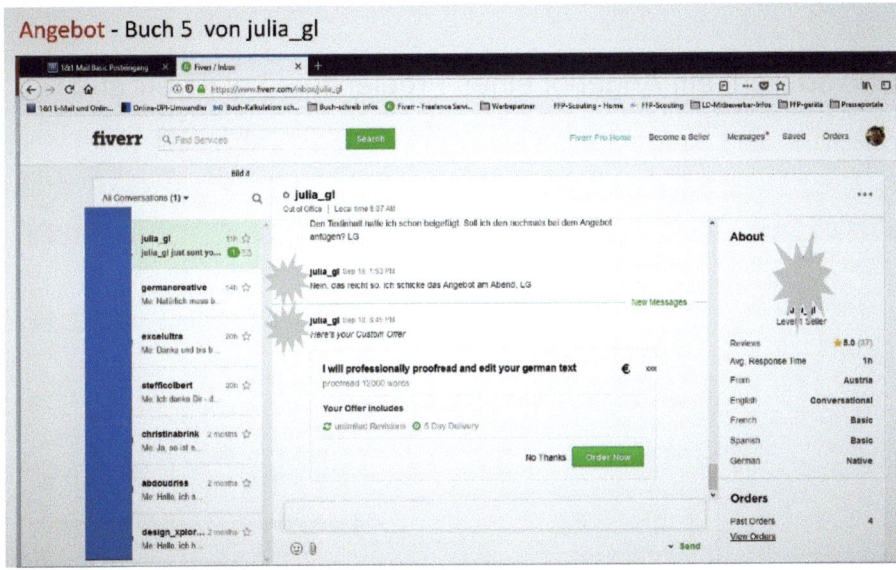

Fiverr informiert dich parallel per E-Mail. Wenn du dieses öffnest, kannst du sofort sehen, von wem es stammt, wie hoch das Angebot ist und wie lange eine Bearbeitung dauert.

19

Klickst du nun auf „View Offer", wirst du sofort auf Fiverr (du musst dich dann einloggen) und zum Angebot weitergeleitet.

Bild 9 – Die E-Mail Nachricht zum Angebot

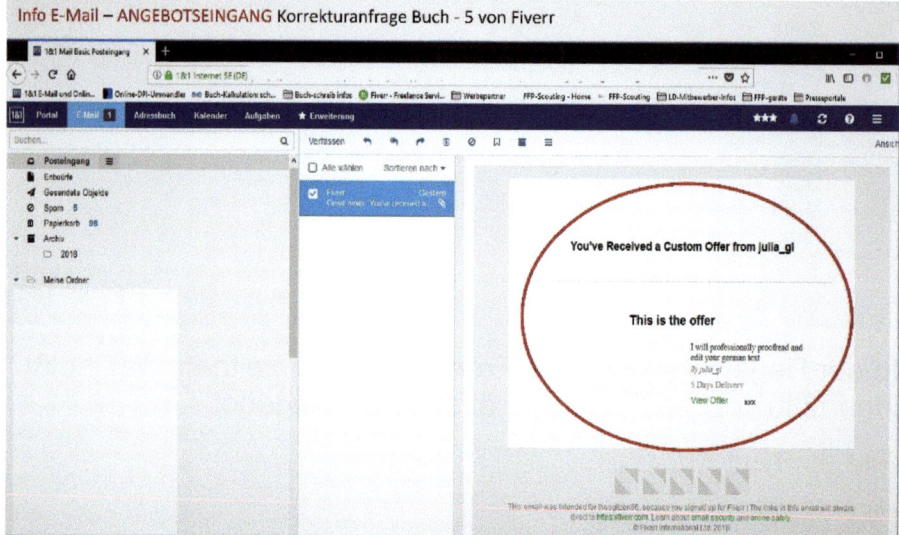

Und so sieht ein Angebot eines Freelancers bei Fiverr aus.

Bild 10 – Die Auftragsbestätigung inkl. Textanhang

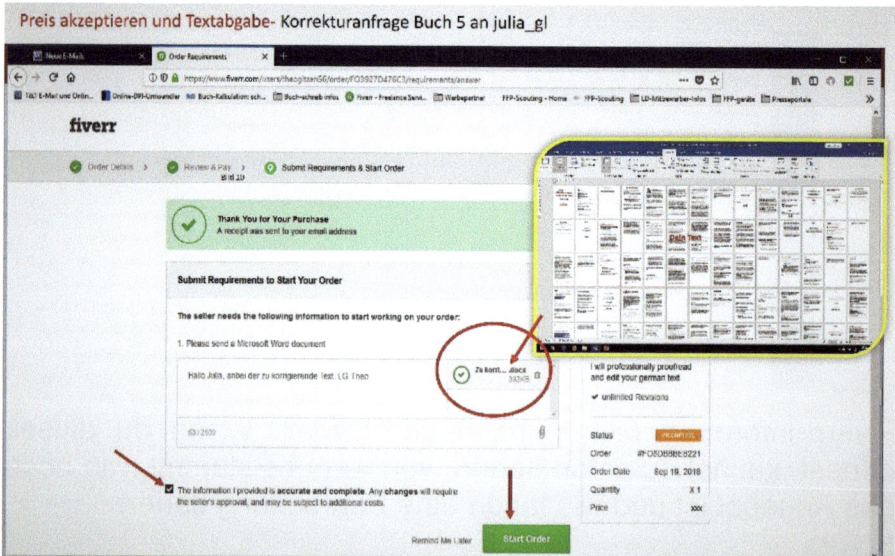

Wenn du das Angebot akzeptierst, wirst du aufgefordert, einmal deinen Text als Dokument hochzuladen, das Angebot zu akzeptieren und dann auf „Start Order" deinen Auftrag abzusenden. Rechts im Fenster wird dir nochmal der Betrag und das Lieferdatum angezeigt.

Automatisch wirst du nun auf das Zahlungsformular weitergeleitet (jede Order muss im Vorfeld bezahlt werden!).

Bild 11 – Auswahl Art der Zahlung

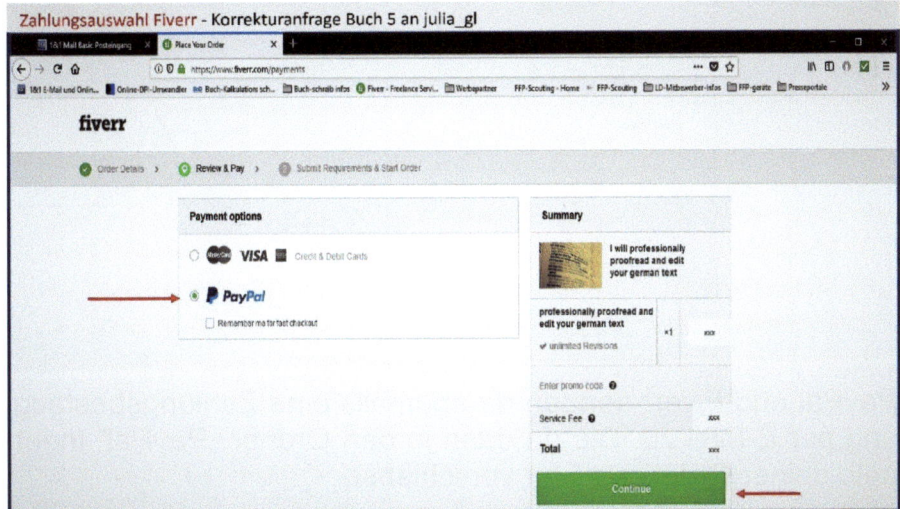

Hier kannst du auswählen, ob du mit PayPal (von mir empfohlen), oder mit Kreditkarte bezahlen möchtest. Einfach das Kästchen anklicken und auf „Continue" (weiter) klicken.

Sobald der Bezahlvorgang abgeschlossen ist, wirst du wieder zu Fiverr geleitet und der Button „Order Started" ist grün und mit einem Häkchen versehen. Auch wird dir nochmals der Preis für die Korrektur angezeigt (blauer Kreis). Im rechten Anzeigefeld siehst du nochmals den aktuellen Stand deines Korrekturauftrages (grüne Häkchen). Im roten Kreis findest du die Information, wann der Auftrag fertiggestellt ist. Er wird dir dann über dieses Formular zum „Download" bereitgestellt. Du kannst dich auch jederzeit bei Fiverr einloggen und über den Button „Orders" über den aktuellen Stand informieren.

Ist beim Button „Message" ein grüner Punkt zu sehen, hast du eine Nachricht deiner Freelancer. Diese bekommst du auch zeitgleich per E-Mail mitgeteilt. Du solltest dir dann die Nachricht anschauen (INBOX) und entsprechend beantworten.

Bild 12 – Bestätigung der Order

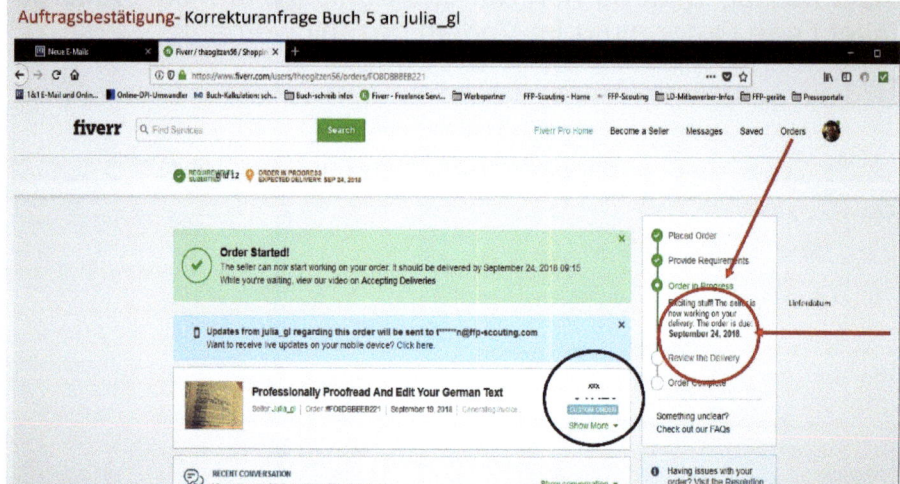

PayPal und Fiverr senden dir ebenfalls eine Zahlungsbestätigung per E-Mail zu. Die du dann in den Ordner „PayPal" innerhalb deiner Ordnerstruktur verschiebst.

Bild 13 – E-Mail Bestätigung Paypal und Fiverr

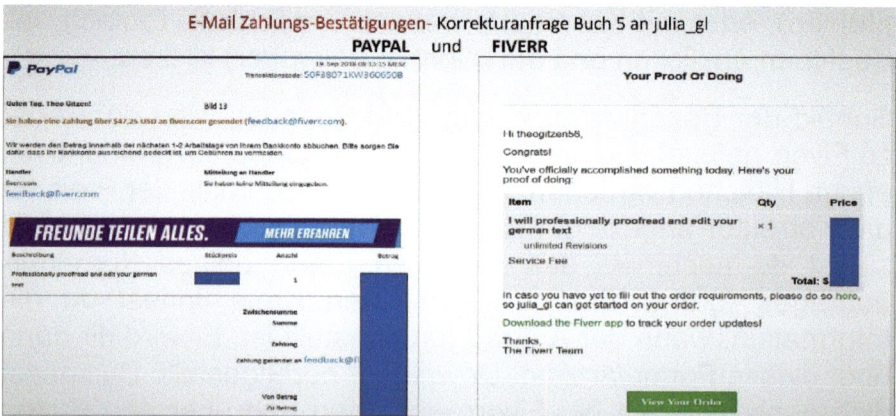

Am Tag des Liefertermins - oder auch schon vorher - erhältst du per E-Mail die Nachricht, dass deine Textkorrektur erledigt ist und bei Fiverr zum Download bereitsteht.

Du loggst dich nun bei Fiverr ein, gehst in die Rubrik „Orders" und findest unter dem Freelancer (julia_gl) die Bemerkung „Delivered". Nun klickst du auf diesen „Freelancer" und es öffnet sich dir das Konversations- und Lieferstatusfeld.

Als Anhang zum Text findest du die gelieferte und korrigierte Datei. (Punkt1)

Bild 13a – Das Orderfenster bei BoD

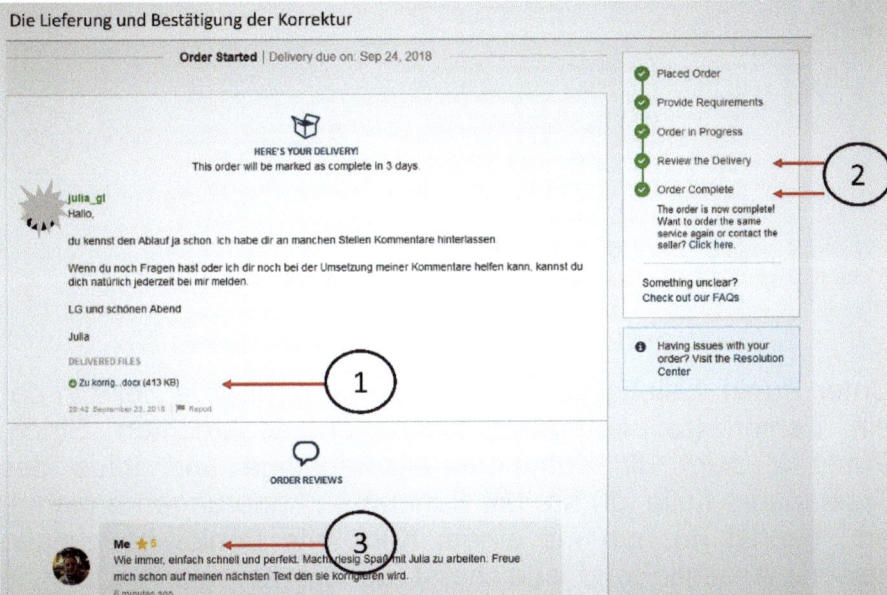

Unter Punkt 2 siehst du den Status deiner Order. Er steht nun auf „Review the delivery". Sobald du die Korrektur annimmst, ist die Order (dein Korrekturauftrag) erledigt.

Unter Punkt 3 kannst du den Freelancer beurteilen und für andere Besucher des Freelancers eine Referenz hinterlassen.

Nun klickst du auf den Dateianhang und speicherst diesen in deinem Ordner „Text-Korrektur" ab. Dann öffnest du die Datei und schaust dir an, was der Freelancer (julia_gl) so alles an Fehlern gefunden und an Vorschlägen hinterlassen hat.

Bild 13b – Das korrigierte Dokument

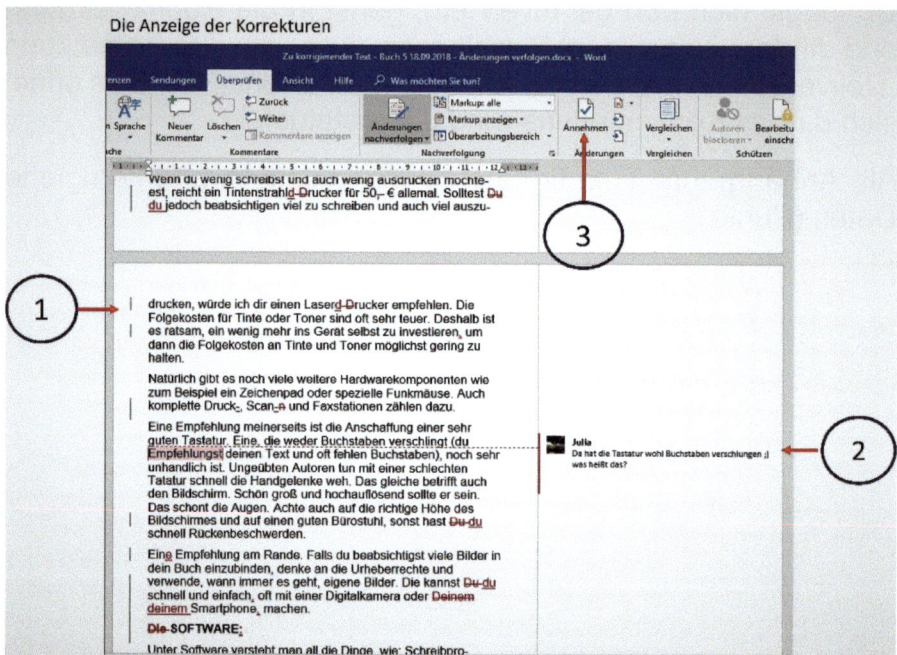

Unter Punkt 1 siehst du zur Orientierung, für jede Zeile in der ein Fehler (rot korrigiert) ist, einen senkrechten Strich. Punkt 2 zeigt dir Kommentare/Vorschläge und Infos des Freelancers (julia_gl) an. Mit Punkt 3 – „Änderungen annehmen", kannst du nun mit einem Klick alle Fehler berichtigen lassen. Anschließend speicherst du die korrigierte Datei in deiner Ordnerstruktur unter "fertige Texte" ab.

Jetzt musst du dich um die Korrektur deines Textes nicht mehr kümmern und kannst diesen problemlos sowohl in dein E-Book bzw. dein Buch einbauen. Wenn du jetzt denkst, dass du dich zurücklehnen kannst und die 5 bis 6 Tage, die es in der Regel dauert bis die Korrekturen abgeschlossen sind, nichts tun musst, hast du dich leider geirrt. Diese Zeit nutzt du für weitere nützliche Dinge. Fangen wir an mit:

Schritt 3
Die Bildauswahl und -bearbeitung
Bring deine Bilder auf Hochglanz und wähle das richtige Format

Den Umfang deiner im Buch/E-Book eingesetzten Bilder bestimmst alleine du. Wie aber schon in „Band 2" beschrieben, solltest du, je nach Art deiner Bilder, unbedingt auf einige Punkte achten.

1. Die Urheber- und Besitzrechte
2. Zustimmung zur Veröffentlichung von dritten Personen
3. Bildqualität (mind. 300 DPI)

Das einfachste sind eigene Bilder, Collagen, die ausschließlich von dir und ohne Verwendung anderer Bilder und Logos entstanden sind. Du kannst natürlich auch Bilder von Dritten erwerben. Sofern du sie bei Agenturen oder in Bildshops, wie zum Beispiel bei Fotolia.de kaufst, darfst du sie auch in der Regel verwenden. Dies können auch Vorlagen für dein Cover sein.

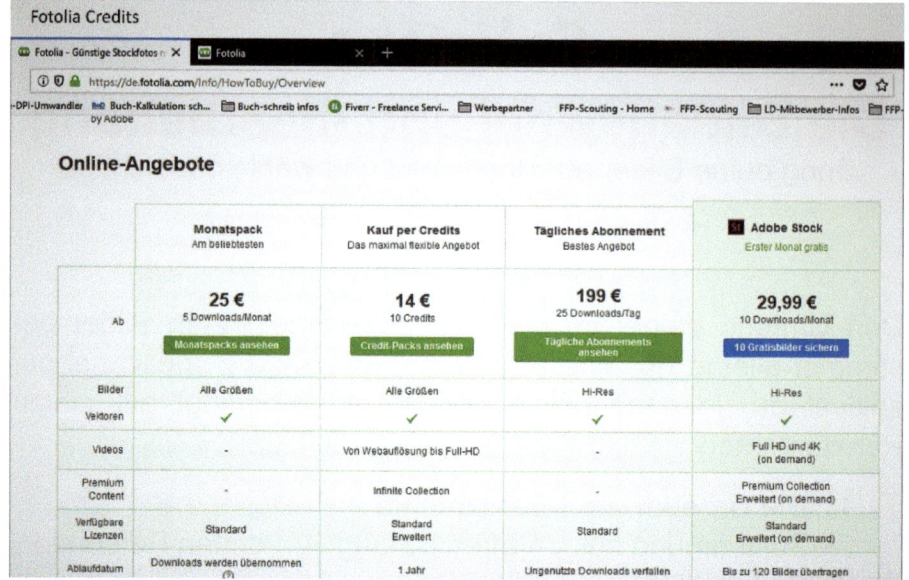

Eine weitere Möglichkeit ist die Abgabe der Bildgestaltung an Freelancer mit Bild-Inklusiv-Recht.

Soviel dazu.

Kommen wir nun zur Bildbearbeitung und -handhabung. Es ist ratsam, dass du all deine Bilder und Collagen entsprechend bearbeitest und anpasst. Viele Bilder sind oft zu groß, andere zu klein, wieder andere undeutlich etc. Deshalb solltest du sie, bevor du sie im Ordner „fertige Bilder" abspeicherst, unbedingt anpassen. Das geht mit Bildbearbeitungsprogrammen, sowie dem Bild-Creator von Windows. Die richtige DPI Zahl von 300, kannst du problemlos mit dem DPI-Umwandler einstellen.

Sind deine Bilder nun perfekt, speicherst du sie zum späteren Hochladen in das BoD Programm, fein säuberlich sortiert nach Bildfolge ab. Z.B.:

Bild-1 = Autor
Bild-2 = Skizze einer Landschaft
Bild-3 = Roman/Buchheldin

Schritt 4
E-Book – Einstellen auf BoD
Wie du alle erforderlichen Daten hochlädst und dein E-Book
einrichtest und gestaltest

Dein Text wurde korrigiert, deine Bilder sind fertig und im richtigen Format abgespeichert. Jetzt fehlt nur noch ein vernünftiger Cover-Entwurf und du bist quasi fertig.

Du solltest wissen, dass du ein Buchformat und die Form des Einbandes bestimmen und dein Cover exakt nach diesen Vorgaben gestalten lassen solltest, wenn du ein Buch veröffentlichen möchtest.

Beim **E-Book** brauchst du das alles nicht. Hier sollte lediglich das Cover den Vorgaben (Größe und DPI) entsprechen.

Alles Weitere zum Thema Cover und Coverentwurf erfährst du in Schritt 6 „Das professionelle Cover"

Wichtig zu wissen!

Es gibt zwei Wege, ein E-Book zu veröffentlichen.

Der erste Weg (kostenlos)
ist der, der in diesem Kapitel/Schritt beschrieben wird.

Der zweite Weg (kostet 19 €)
führt über die Veröffentlichung eines Buches. Hier bietet BoD in seinem „Buch-Classic"-Paket eine zusätzliche und kostenlose Umwandlung und Veröffentlichung deines Buchformates in ein E-Book Format.

Bist du bereit?

Jetzt geht's los! Aber keine Angst ich bin bei dir. Und der BoD Service (+49 40 - 53 43 35-11) (kostenlos) sowieso.

Du hast dich, wie in Band 2 vorgegeben, bei BoD registriert und dir die Zugangsdaten notiert.

Jetzt gehst du auf www.bod.de und loggst dich unter mybod mit deinem Kürzel und Passwort ein.

Bild 14 – BoD einloggen- neues Buchprojekt starten

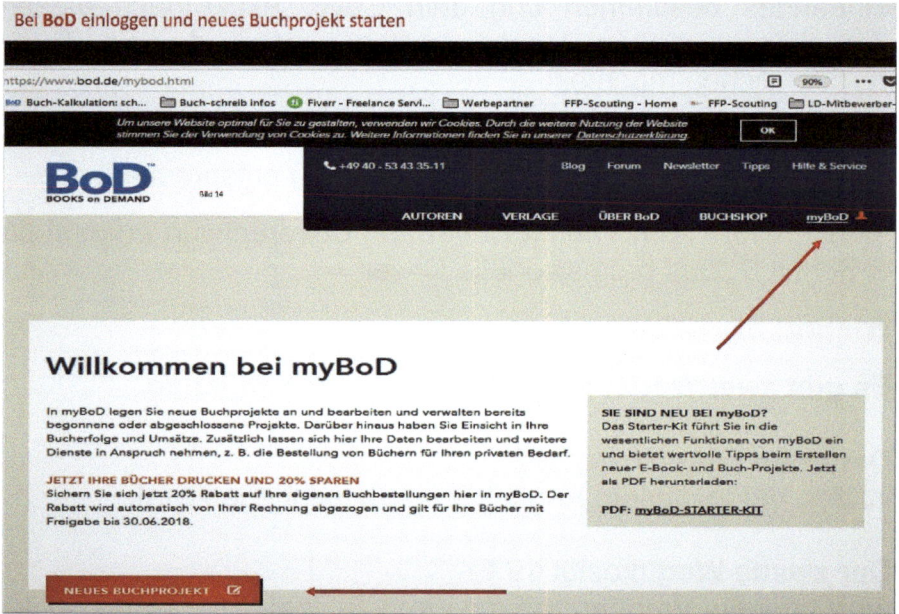

Du willst deinen Text als E-Book veröffentlichen, da du glaubst, dass dein Leser-Klientel fast ausschließlich E-Books kauft. Von vier zur Auswahl stehenden Projekten wählst du nun „E-Book" aus und startest das Projekt, indem du auf den Button „Projekt starten" klickst (roter Kreis).

Bild 15 – E-Book

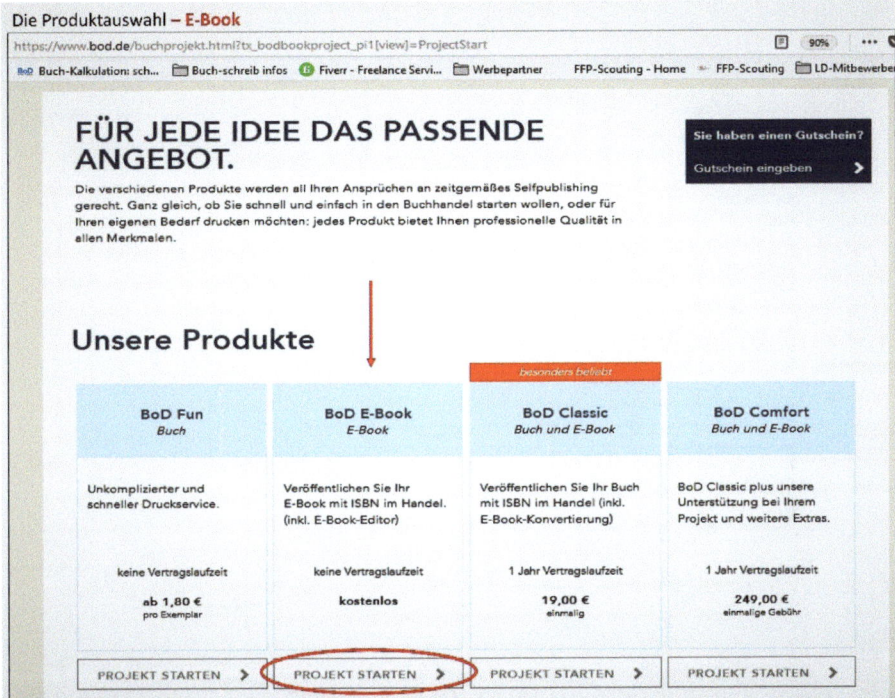

Anmerkung! Du brauchst keine Angst zu haben. Solange du nicht ganz am Ende der vorgegebenen Schritte auf „Veröffentlichen" klickst und dies auch noch bestätigst, kannst du jederzeit das Projekt abbrechen bzw. einzelne Inhaltspunkte verändern oder Bilder austauschen. Nach der Veröffentlichung geht das leider nicht mehr. Dann musst du eine NEUAUFLAGE starten (kostenlos).

Du wirst jetzt automatisch zu Punkt zwei „das Buch" von sechs weiteren Schritten geführt. Dieser Punkt hat wiederum einige Unterpunkte.

Es beginnt mit den

Basis-Daten

Bild 16 – Basisdaten

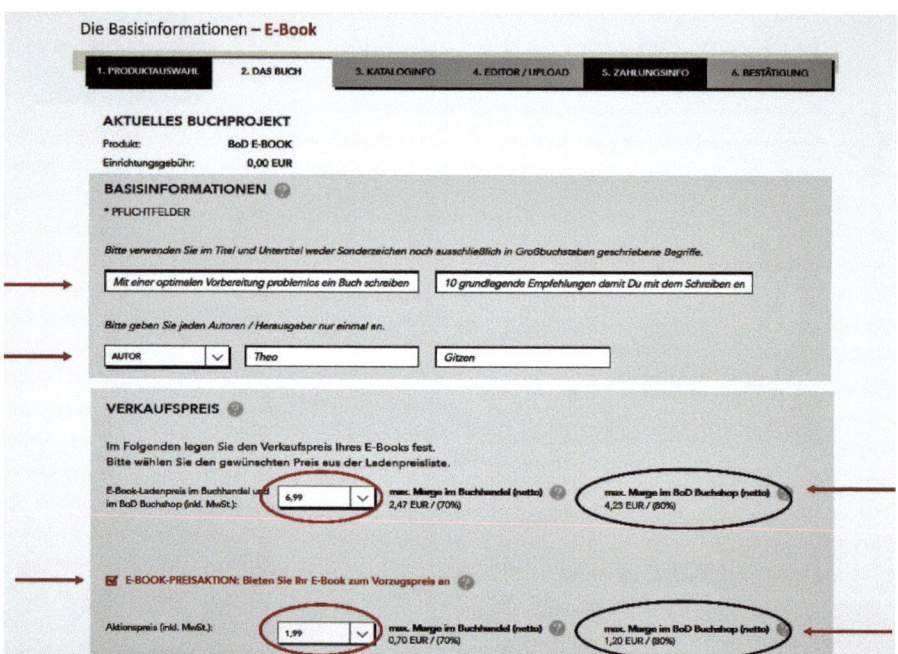

Hier gibst du sowohl den Titel als auch den Untertitel deines Buches und deinen Namen als Autor ein. Zusätzlich kannst du selbst den Preis bestimmen, den du dein E-Book im Online-Handel verlangst (roter Kreis). Im blauen Kreis wird dir dann angezeigt, wie hoch deine zu erwartende Nettomarge bei BoD ist (Dieser Preiskalkulator wird dir auch jedes Mal, wenn du dich bei BoD anmeldest im Startbild angezeigt).

Meine Empfehlung! Pass deine Preisgestaltung den marktüblichen Preisen für die Art deines Buches an. Biete dein Produkt anfangs eher günstiger an. Steigern kannst du den Betrag dann immer noch.

In der letzten Spalte kannst du per Klick BoD beauftragen, dein E-Book für einen gewissen Zeitraum 2, 4 oder auch 8 Wochen für einen Sonderpreis anzubieten.

Anmerkung!
Ein kurzzeitiger Sonderpreis ist eine sehr sinnvolle Aktion. Dadurch erhältst du wesentlich mehr Erstkäufer (auch wenn deine Marge etwas niedriger ist), aber dein Name und dein Buch werden in den Suchmaschinen höher gelistet und somit auch eher gefunden. Zudem kannst du auch sehr gut über Facebook oder deine Homepage auf dein Buch hinweisen (neugierig machen!).

Hast du die Felder ausgefüllt (oder auch nicht, denn du kannst sie jederzeit komplettieren), klickst du auf „Speichern" und anschließend auf „Weiter".

Der nächste Abschnitt sind die…

Kataloginformationen

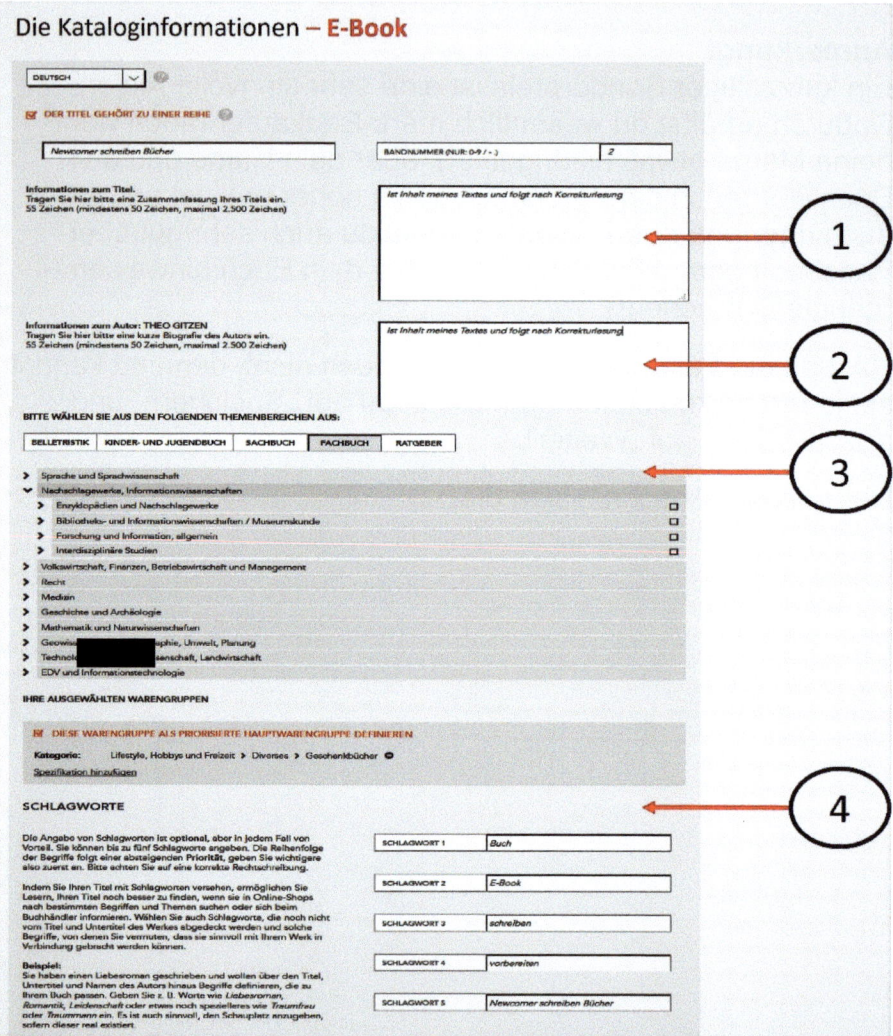

Hier hast du vier Bereiche, die du vor der Veröffentlichung ausfüllen solltest.

Die Bereiche 1 und 2 füllst du entweder frei nach deinem Gefühl aus (was ich dir nicht empfehle) oder du fügst den korrigierten

Text aus deinem Buchinhalt ein (das wirkt professionell und enthält dann auch keine Fehler).

Achtung!
Diese beiden Felder, nämlich die Kurzinformationen des Autors, die Inhaltsangabe und eine mögliche Leseprobe, werden dem Käufer/Leser bei jeder Veröffentlichung angezeigt. Deshalb achte darauf, dass sie kurz und knackig gehalten und auch fehlerfrei sind.

Feld 1 = Kurzbeschreibung deines Buches
Feld 2 = Kurzbeschreibung zu dir, dem „Autoren"

Feld 3 = Auswahl des Themenbereiches

Der Themenbereich ist, so finde ich, relativ kompliziert gestaltet. Wenn du dein Buch nicht exakt zuordnen kannst, musst du dich leider durch die jeweiligen Rubriken klicken. Zu jedem Thema gibt es wieder Unterbereiche, die du anklicken kannst (leider immer nur eine Auswahlmöglichkeit). Wenn du nicht wirklich weißt, wie und wo du dein Thema einsortieren solltest, empfehle ich dir einen Anruf im BoD-Service-Center 040- 53433511. Die helfen dir bestimmt weiter.

Feld 4 = Schlagworte

Hier trägst du gezielt die Schlagworte ein, die du selbst als Suchbegriff eingeben würdest. Du kannst diese später jederzeit ändern.

Hast du alles ausgefüllt, speicherst du wieder und klickst dann auf „Weiter".

Der nächste Abschnitt ist der

EasyEditor

Durch klicken auf „EasyEditor starten" (2), öffnest du das Menü.

Bild 18 – Easy-Editor

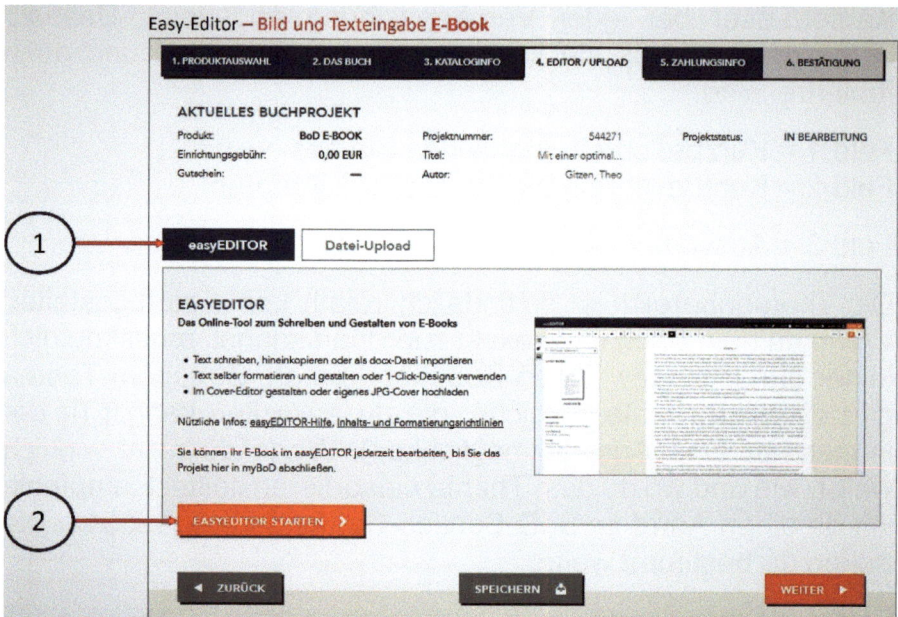

Der EasyEditor gliedert sich wiederum in Untermenüs:

a) Inhalt

b) Bilder (deine einzusetzenden Bilder)

c) Cover (das vorgesehene, von einem Profi erstellte Bild)

d) Import (benötigst du nur bei der Veröffentlichung eines Buches)

e) mybod (damit verlässt du den EasyEditor)

f) Vorschau (damit kannst du dir anschauen, wie dein E-Book aussehen wird)

g) Fertig (hier klickst du, wenn du der Meinung bist, dass alles erledigt ist und du dein Buch nun veröffentlichen willst)

a)-Inhalt

Der Inhalt betrifft die Kapitel innerhalb deines E-Books. Im Gegensatz zum Buch werden hier keine Seitennummern angegeben, sondern direkt auf den Anfang eines Kapitels verlinkt. Du kannst jederzeit ein neues Kapitel anlegen und entsprechend benennen.

Und so geht's los:

Nachdem du im Menü (EasyEditor) auf „Inhalt" geklickt hast), öffnet sich das Blatt und zeigt dir zwei vorgegebene Kapitel an. 1. deinen E-Book-Titel und 2. das Impressum (steht immer am Ende aller Kapitel).

Zwischen Kapitel 1 und dem Impressum fügst du nun deine eigenen „Buch-Kapitel" ein.

Jedes Kapitel ist mit einer leeren Seite verlinkt, in die du deinen korrigierten Text und die dazugehörigen Bilder einfügst. Doch jetzt wollen wir erst einmal die einzelnen Kapitel anlegen. Als allererstes verkleinerst du deine BoD-Ansicht (Hälfte deines Bildschirms). Dann öffnest du dein korrigiertes Textdokument und scrollst bis zum Inhaltsverzeichnis, wo alle Kapitel aufgelistet sind. Auch dieses Dokument verkleinerst du und setzt es direkt neben das Inhaltsformular von Bod.

Dein Bildschirm zeigt nun zwei Dokumente nebeneinander an (siehe Punkt 3). Somit hast du die Texte deiner Kapitel gut sichtbar vorliegen und brauchst sie nur in „BoD - Neues Kapitel - Formular" (Punkt 2) einfügen.

Nun beginnen wir mit dem Anlegen neuer Kapitel. Du klickst auf den Button „Neues Kapitel" (Bild 1 Punkt B) und es öffnet sich ein Fenster (Bild 2), in das du nun deinen Kapiteltext, wie oben beschrieben, kopierst.

Durch das Klicken auf „Kapitel erstellen", wird dein Kapiteltext in die Kapitelliste (Inhaltsverzeichnis deines E-Books) übernommen.

Du kannst nun alle Kapitel nacheinander anlegen (natürlich auch jederzeit in der Reihenfolge verschieben, löschen oder umbenennen).

Bild 19– Neues Kapitel erstellen

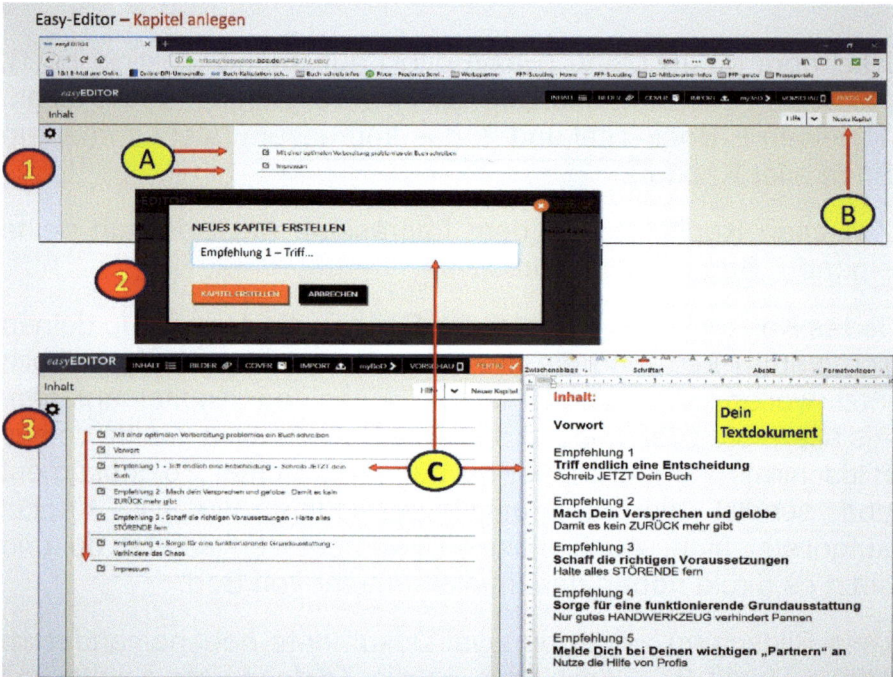

Hast du alle Kapitel angelegt, füllst du sie nun auf gleiche Art und Weise mit dem entsprechenden Text und den darin enthaltenen Bildnummern.

Bild 19a – Text- und Bildübertrag ins Kapitel

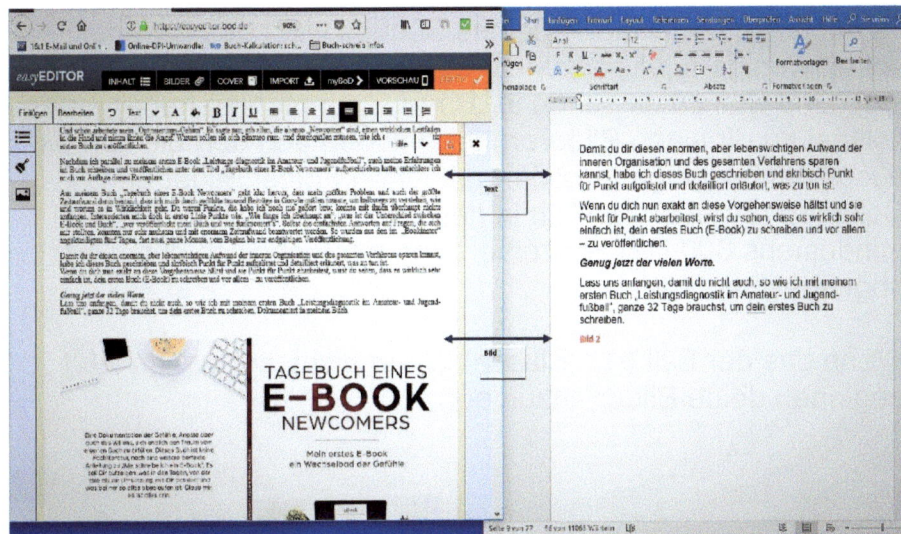

Hast du dein Kapitel mit Text ausgefüllt, klickst du auf „Kapitel speichern" (kleine orange-gelbe Diskette - oben rechts),

Fertig.

Jetzt fügst du die Bilder in deine Texte (Kapitel) ein.

b) Bilder

Je nach Art und Umfang deines Buches wirst du entweder keine, wenige oder ganz viele Bilder einbauen wollen (so wie ich). Und wie ich dir schon in „Band 2" empfohlen habe, solltest du dir einen Bilderordner anlegen und dort die von dir ausgewählten, eigenen oder gekauften Fotos, Bilder und Collagen (urheberrechtlich in deinem Besitz befindlich), auf mindestens 300 DPI konvertiert und fototechnisch optimiert, abgespeichert haben.

Wenn das der Fall ist – Klasse! Wenn nicht, solltest du jetzt beginnen deine Bilder anzulegen.

Bild 20 – Bilder

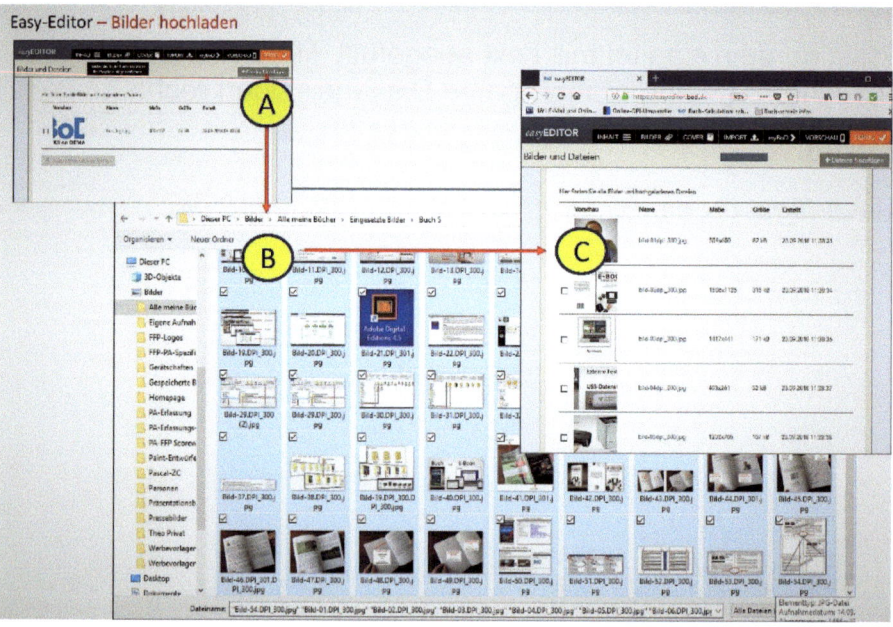

Du hast alle Bilder in deinem Ordner gespeichert. Nun kannst du sie an den entsprechenden Stellen in deinen Texten bzw. Kapiteln einfügen.

Das geht einfach und dauert nur wenige Sekunden!

1. Du klickst im EasyEditor auf den Reiter „Bilder". Es öffnet sich ein Fenster.

2. Du klickst auf den Punkt (A) „Bilder hochladen" und es öffnet sich der Explorer auf deinem PC. Du suchst den Ordner „Bilder - fertige Bilder - Buch x" oder wie auch immer du den Ordern, in dem die fertigen Bilder gespeichert sind, genannt hast.

3. Du markierst alle Bilder (B) und klickst auf „Öffnen".

4. Automatisch werden nun alle benötigten Bilder in den EasyEditor hochgeladen (C).

Fertig!

Jetzt gehen wir wieder zurück zum Punkt **„Inhalt"** und fügen die Bilder ein.

Du suchst das Kapitel, wo dein erstes Bild eingefügt werden soll. Nun suchst du die Stelle im Text, die du rot (Bild 1 – xxx) markiert hast. Jetzt klickst du auf „Bild einfügen", markierst das Bild (Bild1….) unter EasyEditor - Bilder - Container und fügst es ein. Du kannst das Bild natürlich jederzeit in seiner Größe oder Position im Text anpassen.

So gehst du nun von Bild zu Bild (Kapitel zu Kapitel) bis du sie alle eingefügt hast.

Fertig!

Jetzt gehen wir zurück zum Punkt **„Inhalt"** und formatieren die Textpassagen.

Damit alle Seiten (Kapitel) in deinem E-Book entsprechend gut lesbar (Blocksatz, Absätze und Abstände) sind, musst du jetzt nur noch die jeweiligen Textpassagen anpassen. BoD setzt alle eingefügten Texte ins Blocksatz-Format. Allerdings sind oft Abstände innerhalb einer Zeile oder von Absatz zu Absatz zu groß/klein. Dann kannst du diese manuell, wie im Textprogramm auch, entsprechend anpassen. Hast du alle angepasst, klickst du auf „speichern" und anschließend schaust du dir die Änderungen in der Vorschau an.

Meine Empfehlung:
Lieber ein zweites, drittes Mal nachkorrigieren, als hinterher feststellen, dass du noch etwas übersehen hast.
Wenn dann doch noch irgendwo ein „Makel" vorhanden ist, solltest du dein Gewissen beruhigen. Schließlich hast du alles gegeben.

c) Cover

Der letzte Punkt im EasyEditor ist das „Cover".

Bild 21– Cover

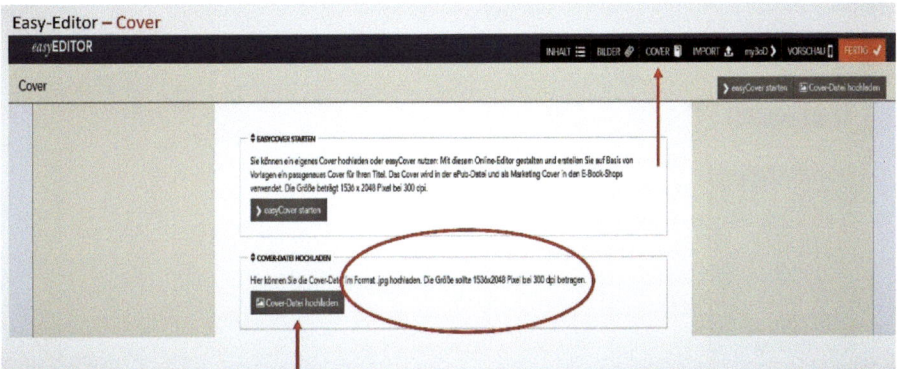

Die Maße für ein E-Book Cover sollten exakt angepasst werden. BoD gibt diese sowie die Auflösung und das Dateiformat vor (siehe roter Kreis).

Prinzipiell hast du drei Möglichkeiten, dein Cover zu gestalten.

1. Du machst es selbst in einem Grafikprogramm (nicht empfohlen, falls du kein Fachmann/-frau bist)

2. Mit dem EasyEditor-Baukasten (bietet wenig Auswahl und ist auch nicht einfach zu bedienen)

3. Du lässt es dir von einem Profi (z.B. bei Fiverr und germancreative) erstellen (dringend empfohlen, da der erste Blick auf dein Buch entscheidend ist).

Entscheidest du dich für Punkt 3, kannst du hier die vom Profi erstellte Datei hochladen. Dazu gehst du einfach auf „Datei hochladen", suchst den Ordner „Cover", markierst die entsprechende Datei und lädst sie in den EasyEditor. Auch diesen Punkt kannst du jederzeit nachträglich erledigen. (Sobald du den Coverentwurf genehmigt und erhalten hast).

Bild 21a

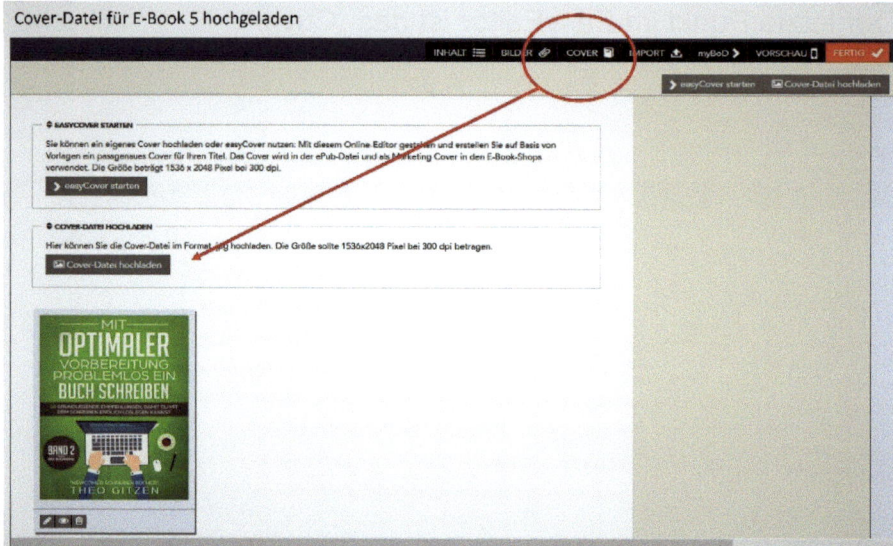

Das trifft auch auf die Veröffentlichung eines Buches zu. Durch Klicken auf den Reiter „VORSCHAU", kannst du dir, wann immer du willst, den aktuellen Stand deines Buches im E-Book Format anzeigen lassen.

Bild 22– Vorschau

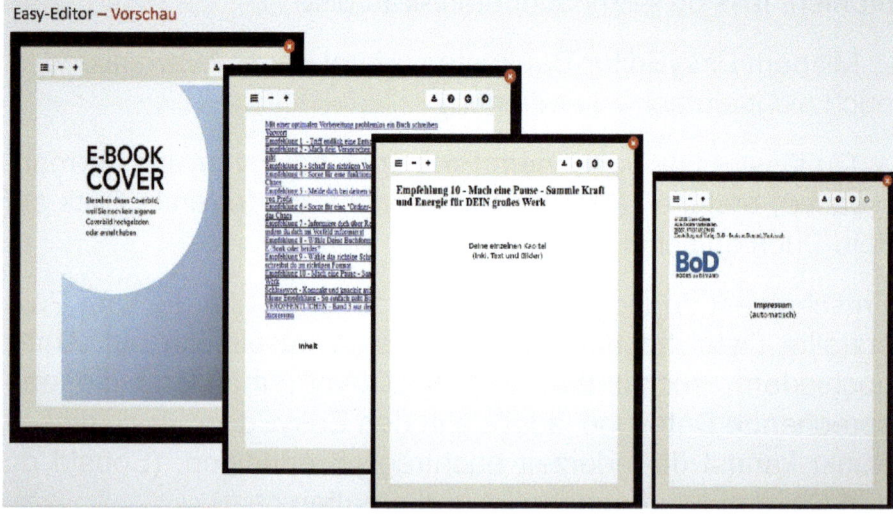

Die optische Korrektur

Nun schaust du ganz genau Seite für Seite /Kapitel für Kapitel an und notierst dir alle „Unregelmäßigkeiten". Unter Unregelmäßigkeiten verstehe ich:

- Zu große Abstände innerhalb der einzelnen Zeile. Da dein Text automatisch beim Einfügen in das Kapitel als Blocksatz formatiert wird, entstehen oft Lücken. Durch eine Silbentrennung in der nachfolgenden Zeile, kannst du diese Lücke schließen.

- Zu große Abstände zwischen den jeweiligen Absätzen

- Zu große/kleine Abstände zwischen eingefügtem Bild und Text.

Kopierte Aufzählungen (fortlaufende Nummerierungen), werden teilweise bei BoD im EasyEditor nicht übernommen. Anstatt 1.Text, 2.Text 3. Text u.s.w., werden 1. Text, 1. Text 1. Text u.s.w. angezeigt.

Setze den Text linksbündig und vergib die Nummer manuell.

Meine Empfehlung:

Lieber ein zweites, drittes Mal nachkorrigieren als hinterher feststellen, dass du noch etwas übersehen hast. Wenn dann doch noch irgendwo ein „Makel" vorhanden ist, solltest du dein Gewissen beruhigen. Schließlich hast du alles gegeben.

Schritt 5

Buch – Einstellen auf BoD

Wie du alle erforderlichen Daten hochlädst und dein Buch
einrichtest und gestaltest

Du willst deinen Text als **Buch** veröffentlichen.

Bevor du dich jedoch bei BoD einloggst, um dein Buch zu
veröffentlichen, musst du einige weitere Vorbereitungen treffen.

Warum?

Weil du schon am Anfang der Anmeldung, bei der Eingabe der Basisdaten, nach dem Umfang (Seitenanzahl, Anzahl der farbigen Seiten etc.) deines Buches gefragt wirst.

1. Du musst dein Buch in das richtige Format bringen. Das heißt: Um ein Buch zu veröffentlichen, musst du deine Textdatei formatieren - Größe, Seitenränder, Seitenzahlen.

2. Du musst deine Seiteninhalte gestalten. Das heißt: Absätze, Überschriften, Seitenumbrüche sowie Bilder an den richtigen Stellen platzieren.

3. Du musst darauf achten, dass deine Seitenanzahl durch vier teilbar ist. Ergibt dein Text eine Zahl, die nicht durch 4 teilbar ist, fügst du einfach 1-3 Leerseiten (am Anfang, Ende oder wo immer du willst) ein.

4. Du musst die Anzahl farbiger Seiten in deinem Dokument zählen (BoD fragt bei der Anmeldung nach). Zu den farbigen Seiten zählen ebenfalls Seiten, auf denen du vielleicht im Text etwas farbig markiert hast.

5. Du musst die Anzahl der farbigen Seiten genau dokumentieren und auch angeben, auf welcher Seite im Dokument sie sich befinden. (z.B.: 6, 12, 18-20, 45, ...)

Du musst das Dokument im PDF-Format abspeichern, damit du es später bei BoD hochladen kannst.

ACHTUNG!

Wenn du dein Word-Textdokument mittels einer PDF-Druckoption in ein PDF umwandelst, solltest du unbedingt darauf achten, dass dein Umwandler manuell auf 600 DPI einstellbar ist.

Ist er das nicht, könnte BoD beim Datei-Upload anmerken, dass alle deine Bilder, obwohl du sie vorher auf 300 DPI umgewandelt hast, nur in 200 DPI oder einer weniger guten Auflösung vorliegen. Das wäre dann für den Druck schlecht. Das liegt aber laut BoD daran, dass dein PDF-Converter das gesamte Dokument, inkl. der Bilder, lediglich mit 200 DPI anlegt.

Nutzt du den kostenlosen pdf24 -Umwandler, kannst du diesen problemlos auf 600 DPI einstellen. BoD gibt dir dann beim Upload ein OK.

Du hast jetzt alle Vorbereitungen (Punkt 1-6) getroffen.

Nun beginnen wir mit dem Erstellen (Einstellen) deines Buches bei BoD.

Im Prinzip ist das nicht anders als beim Anlegen eines E-Books.

Du loggst dich bei BoD mit deinen Zugangsdaten ein, dann klickst du auf „Neues Buchprojekt". Es öffnet sich ein Fenster, welches dich nun Schritt für Schritt durch den gesamten Prozess einer Buchveröffentlichung führt.

Es sind exakt 6 Oberbegriffe mit jeweils einigen Unterpunkten, die du Step by Step ausfüllen musst.

Beginnen wir mit der:

1. Produktauswahl

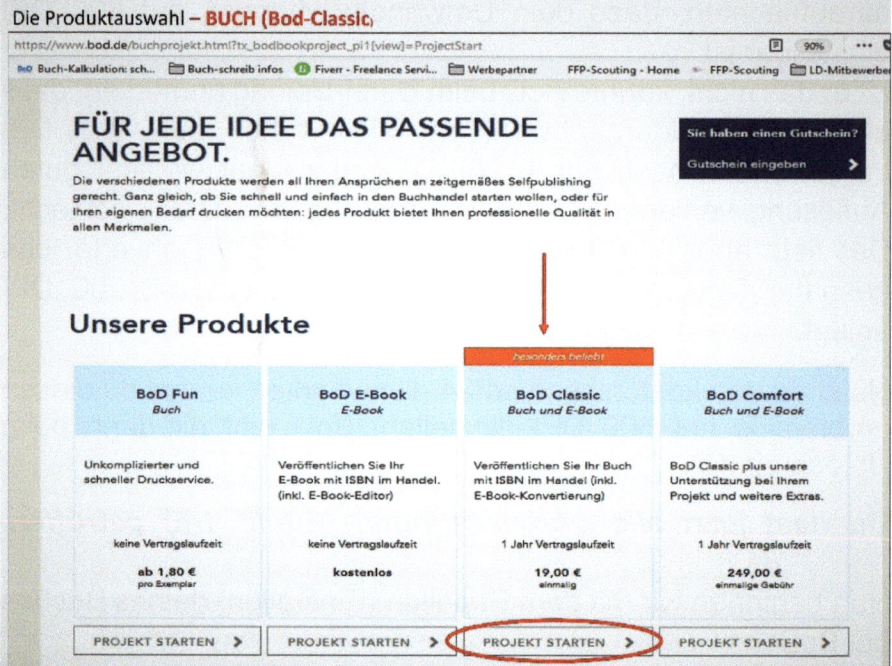

Hier hast du die Möglichkeit dein Produkt aus vier Angebots-varianten auszuwählen.

Da du ja ein Buch veröffentlichen möchtest, klickst du auf BoD-classic

Mit dem Klicken auf den Button „Projekt starten" beginnst du mit dem Anlegen deines Buches.

2. Das Buch

Dieser Teilabschnitt gliedert sich in vier Bereiche.

a) Basisinformationen

b) Ausstattung

c) Verkaufspreis

d) Barcode-ISBN

a) **Basisinformationen**

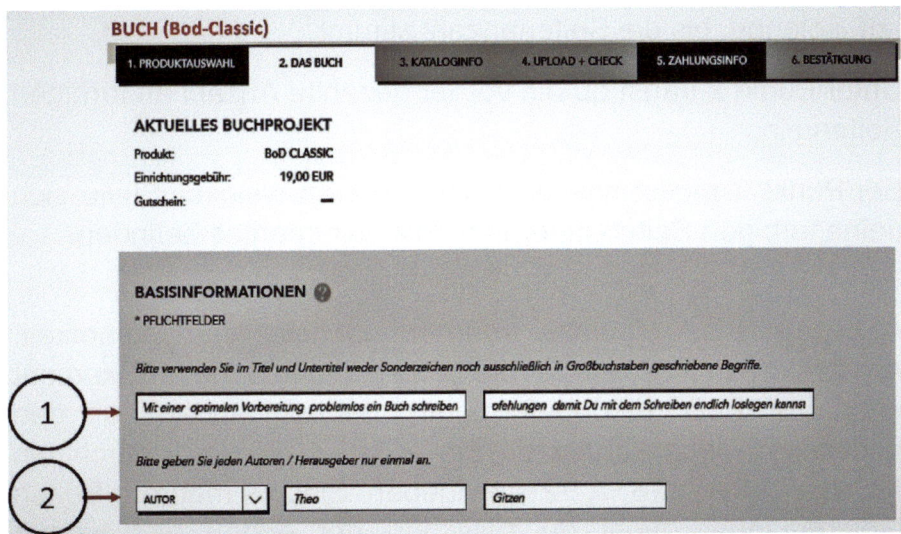

Punkt 1, Hier gibst du, ähnlich wie beim E-Book auch, den Titel und den Untertitel deines Buches an.

Punkt 2, Hier trägst du dich oder dein Pseudonym als Autor ein.

b) Ausstattung

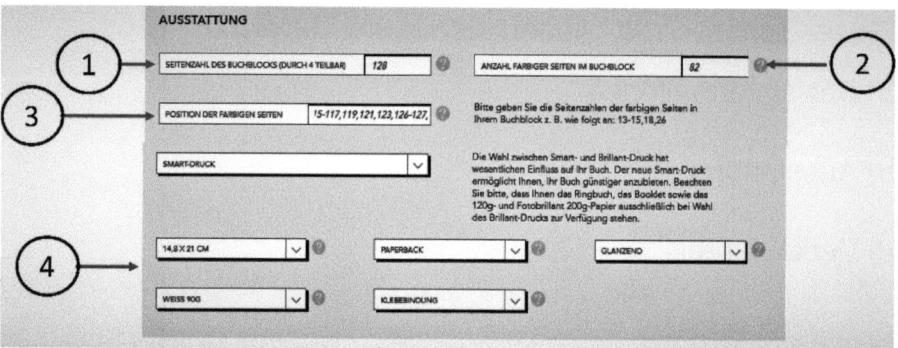

Bei Punkt 1 wirst du nach der Anzahl deiner Buchseiten gefragt. Die trägst du ein. Sollte die Seitenanzahl nicht durch 4 teilbar sein, schlägt das System Alarm und fordert dich zur Korrektur auf, solange, bis die Seitenanzahl stimmt.

Unter Punkt 2 trägst du die vorher gezählte Anzahl an farbigen Seiten ein.

Bei Punkt 3 musst du exakt angeben, an welcher Stelle sich deine farbigen Seiten innerhalb des Dokumentes befinden.

Achtung! Diese Angabe erfordert höchste Aufmerksamkeit. Am besten du legst wieder die beiden Dateien (dein Dokument und das BoD Eingabeformular) nebeneinander auf den Bildschirm. Jetzt kannst du die farbigen Seiten - durch ein Komma getrennt (3, 7, 12) - eingeben. Sind es mehrere Seiten hintereinander, fügst du zwischen der ersten und letzten farbigen Seite einfach einen Trennstrich (-) ein(23-34).

c) Verkaufspreis

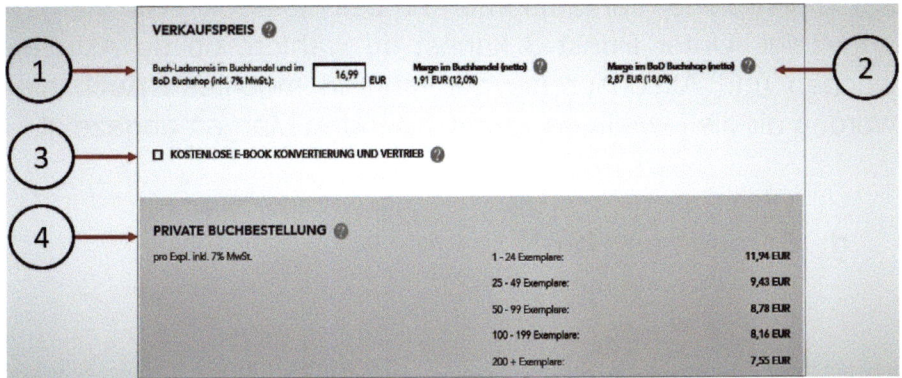

BoD setzt hier automatisch (Punkt 1) einen empfohlenen Verkaufspreis an. Du kannst diesen aber jederzeit manuell selbst bestimmen. Unter Punkt 2 werden dir deine jeweiligen Margen in einem fremden und einem BoD Buchshop angezeigt. Punkt 3 ist das Kästchen, das du aktivieren musst, sofern du neben deinem Buch auch noch ein E-Book anbieten möchtest. Punkt 4 zeigt dir den Preis, den du als Autor an BoD zahlen musst, falls du selbst deine Bücher kaufen möchtest.

Achtung! Darauf erhältst du natürlich keine Verkaufsprovision!
Bild mit zusätzlich aktiviertem E-Book Angebot

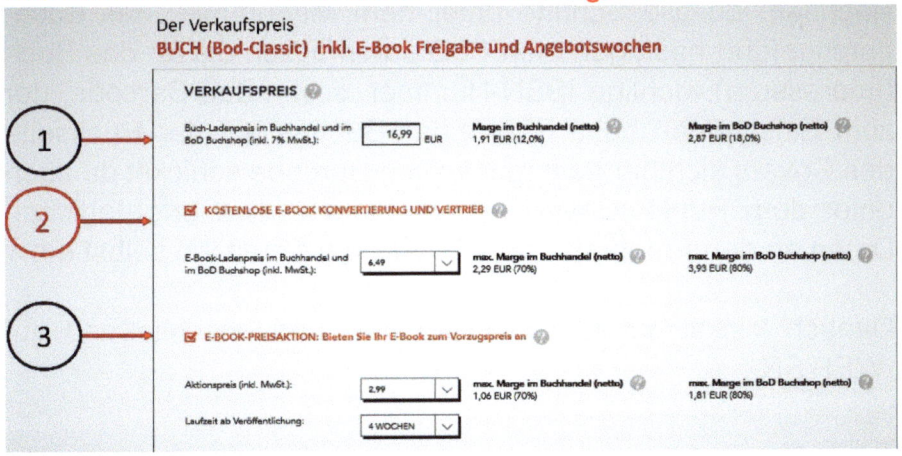

Neben dem Preis für dein Buch (Punkt 1) wird dir unter Punkt 2 der empfohlene Verkaufspreis für dein E-Book inkl. Margen angezeigt. Unter Punkt 3 kannst du wählen, ob du Aktionswochen und Aktionspreise durchführen möchtest. Auch hier werden dir die jeweiligen, zu erwartenden Margen angezeigt.

d) Barcode und ISBN

Nachdem du alle Schritte unter dem Menüpunkt „das Buch" durchgeführt hast, generiert BoD automatisch die für das Buch (Impressum) wichtige ISBN-Nummer, sowie den Barcode, der zum Einscannen beim Kauf eines Buches auf der Rückseite des Covers sichtbar sein muss (Den Barcode schickst du auch unter dem Punkt „Cover-Gestaltung" mit allen erforderlichen Daten an den Freelancer von Fiverr oder baust ihn selbst ein).

Danach klickst du auf „SPEICHERN" und anschließend auf „WEITER".

3.
Kataloginformationen

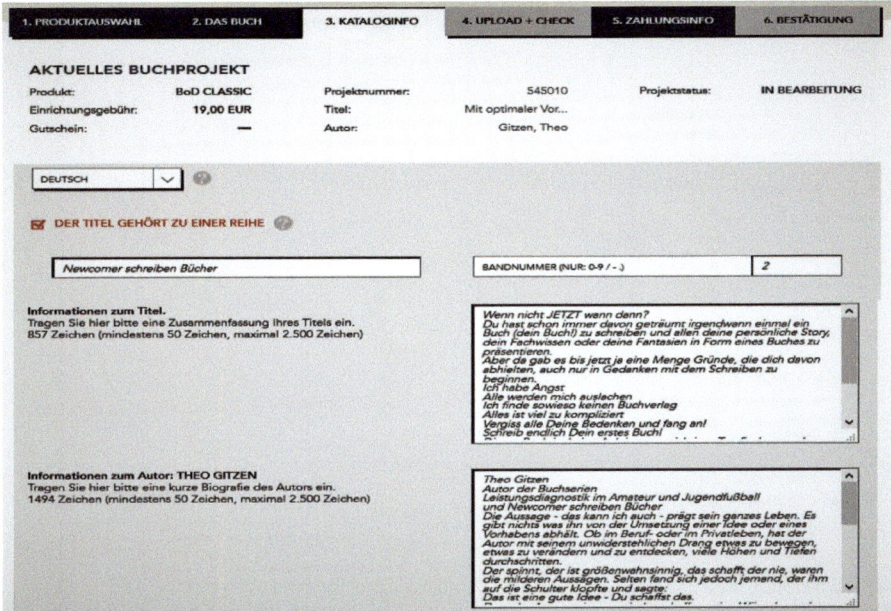

Dieser Teilabschnitt ist absolut ident mit dem eines E-Books, welchen ich dir schon ausführlich unter „E-Book" beschrieben habe. Du füllst einfach nur die Punkte aus, speicherst deinen Fortschritt und klickst auf „weiter". Du kannst jederzeit einzelne Punkte korrigieren. Auch nach der Veröffentlichung!

4.
Uploads

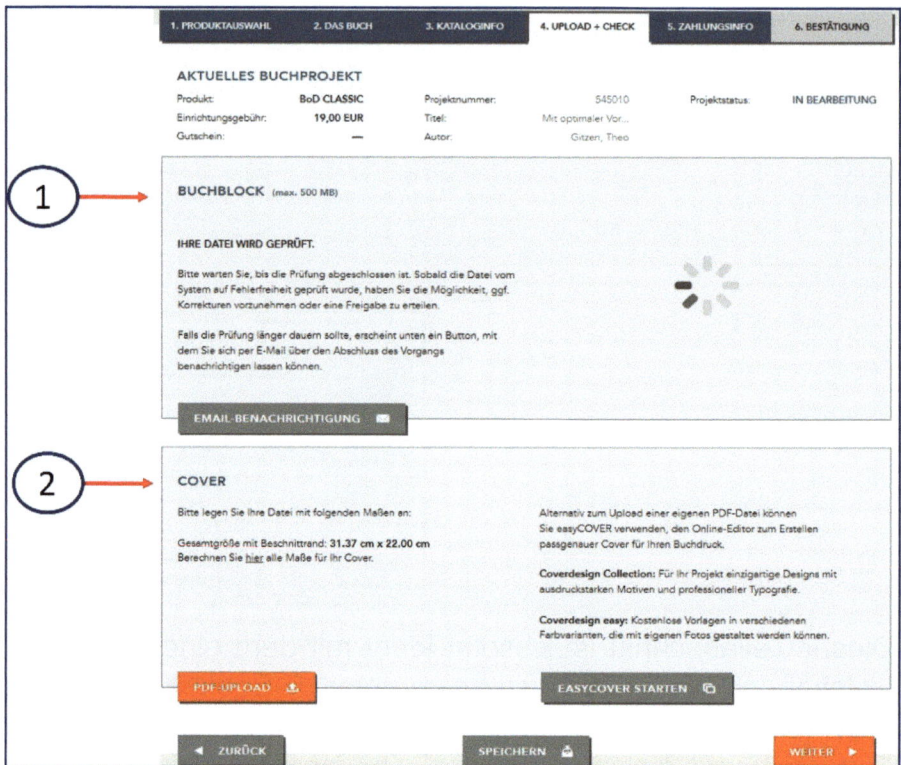

Dieser Teilabschnitt gliedert sich in zwei Bereiche.

1) Datei-Upload

Hier lädst du die fertige PDF-Datei deines Buches hoch. Bod prüft das Dokument und die darin enthaltenen Bilder auf ihre Qualität und zeigt dir auch an, was verbessert werden könnte. In der Regel handelt es sich hierbei um deine Bilder. Meistens haben sie nicht die gewünschte DPI-Zahl von 300.

Es bleibt nun dir überlassen, ob du die Bilder so wie sie sind veröffentlichen möchtest (schlechte Qualität beim Druck) oder, ob du sie nachbearbeiten und wieder als PDF neu hochladen möchtest.

ACHTUNG!
Wenn du dein Word-Textdokument mittels einer PDF-Druckoption in ein PDF umwandelst, solltest du unbedingt darauf achten, dass dein Umwandler manuell auf 600 DPI einstellbar ist.

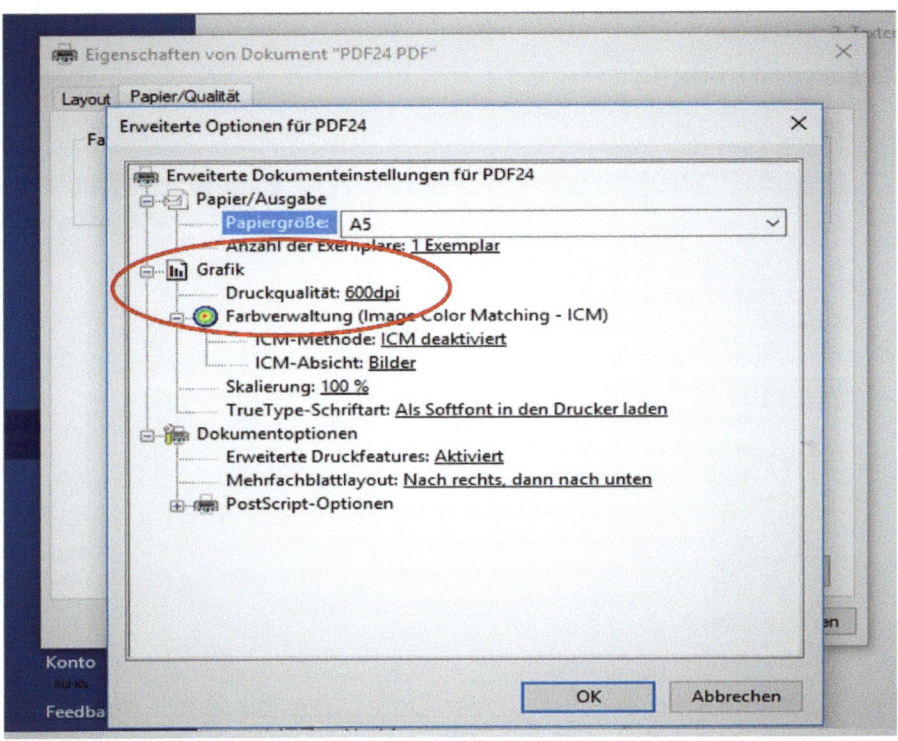

Ist er das nicht, könnte dich BoD beim Datei-Upload darauf hinweisen, dass alle deine Bilder, obwohl du sie vorher auf 300 DPI umgewandelt hast, nur in 200 DPI oder weniger vorliegen. Das wäre dann für den Druck schlecht. Das liegt aber laut BoD daran, dass dein PDF-Converter das gesamte Dokument, inkl. der Bilder, lediglich mit 200 DPI anlegt.

Nutzt du den kostenlosen pdf24 -Umwandler, kannst du diesen problemlos auf 600 DPI einstellen. BoD gibt dir dann beim Upload ein OK.

Nachdem du dir den Upload in der Vorschau angeschaut hast, musst du ihn noch durch Klicken auf „Freigeben" freigeben.
Fertig!

2) Cover-Upload

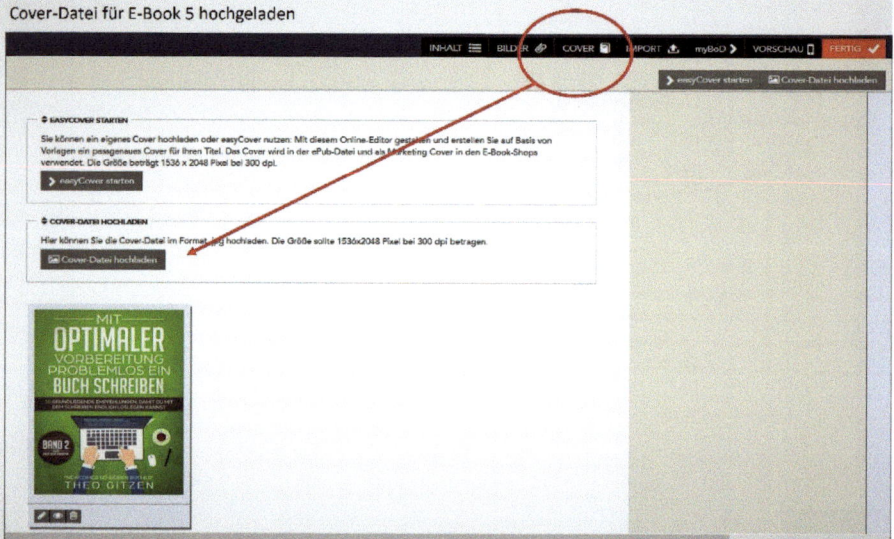

Hier lädst du die fertige Cover-Datei, die dir der Freelancer geschickt hat (siehe Cover-Gestaltung), hoch. Eine (einge-schränkte) Alternative zur Selbstgestaltung eines Covers bietet dir BoD mit Hilfe von Vorlagen.

„Speichern" und auf „weiter" drücken.

Schritt 6
Das professionelle Cover
Das Coverdesign ist kaufentscheidend

Der letzte Punkt vor der Veröffentlichung ist die Erstellung eines Buch-Covers.

Lass dich jetzt bitte nicht verwirren!

Ordere dein Cover erst. wenn du alle Seiten im EasyEditor eingerichtet hast. Dann hast du alle Angaben inkl. Barcode und ISBN für ein vollständiges Design vorliegen. Je nach Art deines Buches (E-Book/Buch) benötigst du unterschiedliche Größenformate für dein Cover. BoD gibt dir die exakten Maße an, die du entweder selbst anwenden oder dem Freelancer übermitteln kannst. Ein weiterer Punkt ist die Gestaltung. BoD gibt dir hier die Möglichkeit, dein Cover selbst, anhand von Vorlagen (kostenpflichtig/kostenlos), zu gestalten oder ein komplettes Cover hochzuladen. Die kostenlosen Varianten sind allerdings sehr eingeschränkt. Bei einigen kannst du ein fertiges Bild einfügen, bei anderen lediglich Textpassagen.

BoD - Gestaltung

Freelancer - Gestaltung

Das fertige Bild könnte dann vom Freelancer übernommen werden.

Falls du eigene Cover entwickelst, oder dem Freelancer gerne Bilder zur Verfügung stellen möchtest, kannst du dir auch welche bei deinen „Produktpartnern", zum Beispiel Fotolia, aussuchen, kaufen und in dein Cover einpflegen.

So läuft deine Cover-Bestellung bei Fiverr ab

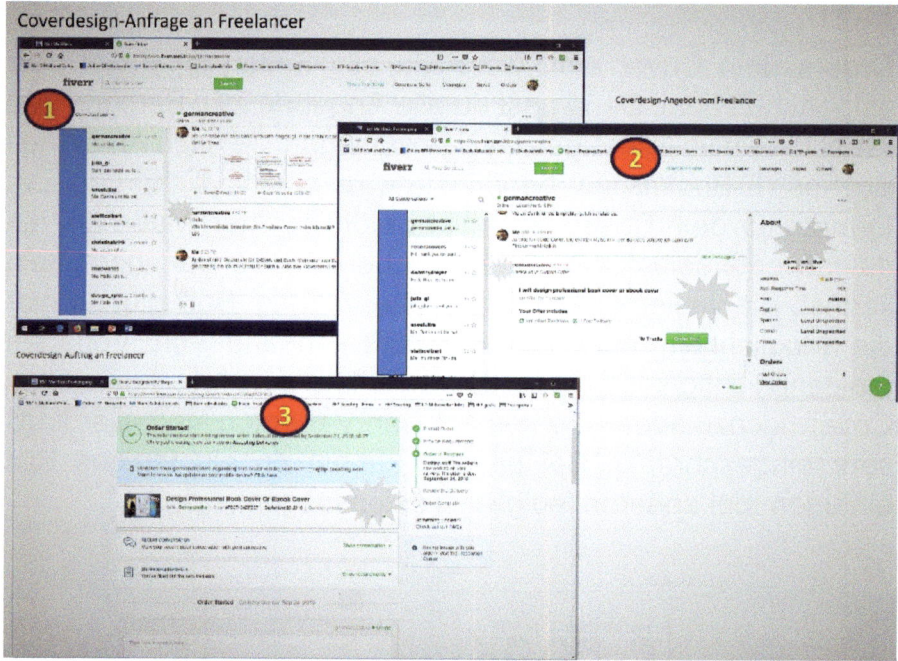

1. Du stellst eine Anfrage
2. Du erhältst ein Angebot
3. Du bestätigst das Angebot und orderst den Entwurf
4. Du erhältst einen Vorschlag, akzeptierst ihn oder bittest um Korrektur
5. Du erhältst das fertige Produkt (Cover)

Fertig!

BRAVO - Du hast alle Punkte zur Bucheinstellung erledigt. Dein E-Book/Buch ist vorbereitet.

Jetzt geht's an die Veröffentlichung.

Schritt 7

Buch und E-Book Veröffentlichung bei BoD

Wie du beide Formen deines Buches veröffentlichst und was dann passiert

Die Veröffentlichung deines E-Books bzw. Buches ist nun nur noch eine reine Formsache. Alle erforderlichen Daten sind hochgeladen, die Kapitel mit Hilfe des EasyEditors eingerichtet und die Bilder an den richtigen Stellen eingefügt bzw. beim Buch eine fertige Textversion als PDF-Datei hochgeladen. Das Cover wurde ebenfalls hochgeladen und die Überprüfung und Korrektur ist abgeschlossen.

Nun wird veröffentlicht!

Beginnen wir mit der Veröffentlichung deines
E-Books

Du befindest dich innerhalb des EasyEditors im Menüpunkt „Editor/Upload" und hast soeben dein E-Book in der Vorschau durch Klicken auf „Freigabe" zur Veröffentlichung freigegeben.

E-Book/Buchveröffentlichungen

Du **speicherst** nun wieder und klickst auf „**Weiter**".

Das nächste Fenster, das dir angezeigt wird, sind die
Zahlungsinformationen.

Diese Informationen kannst du dir jederzeit ausdrucken (wenn
du möchtest). Da deine E-Book Veröffentlichung aber bei BoD
kostenlos ist, kannst du dieses Fenster quasi überspringen und
zum letzten Fenster, der **„Bestätigung"** wechseln.

Bestätigung

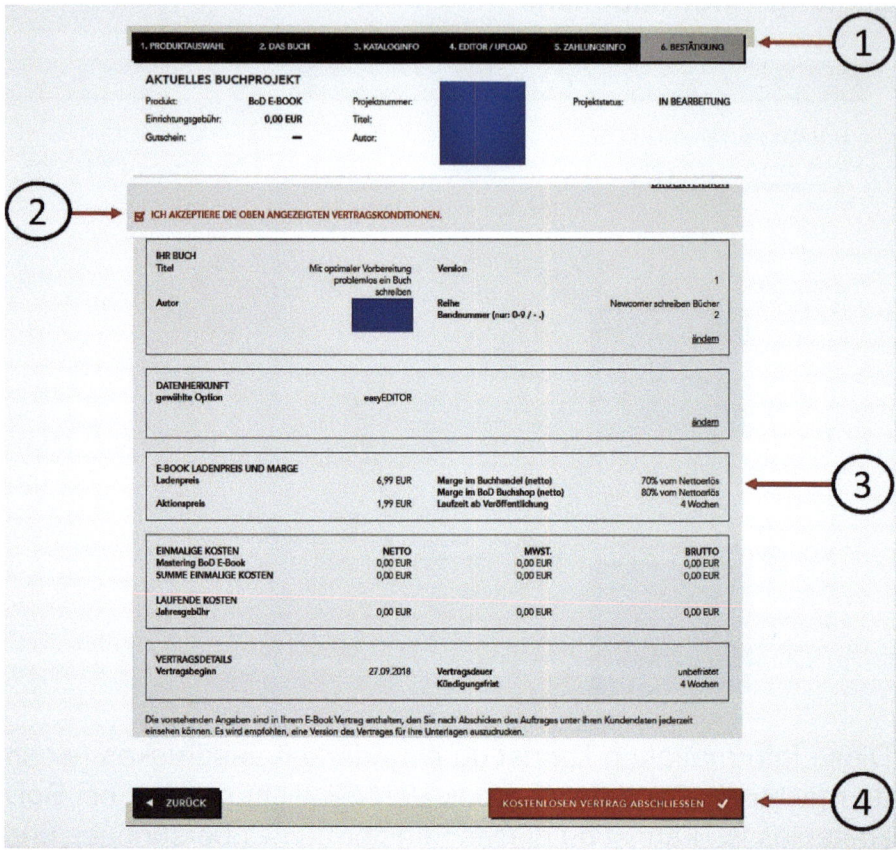

Du befindest dich nun im Menüpunkt „Bestätigung" (1). Wenn du nun alle Informationen, wie zum Beispiel die unter (3) ausgewiesenen Verkaufspreise inkl. der Sonder-Angebots-Aktion gelesen und für in Ordnung befunden hast, setzt du ein Häkchen bei (2) „Ich akzeptiere die oben angezeigten Vertragsbedingungen..." und klickst dann auf „Kostenlosen Vertrag" abschließen.

Fertig!

Die Auftrags-Bestätigung!

Du kannst sofort sehen, dass dein Auftrag in Arbeit ist, indem du auf „mybod" klickst. Unter der Rubrik „Projekte in Bearbeitung" siehst du den Status deines Buches. In diesem Moment ist es noch im Zustand „beauftragt".

Wenn es veröffentlicht ist, wechselt es automatisch in die Rubrik „veröffentlichte Titel".

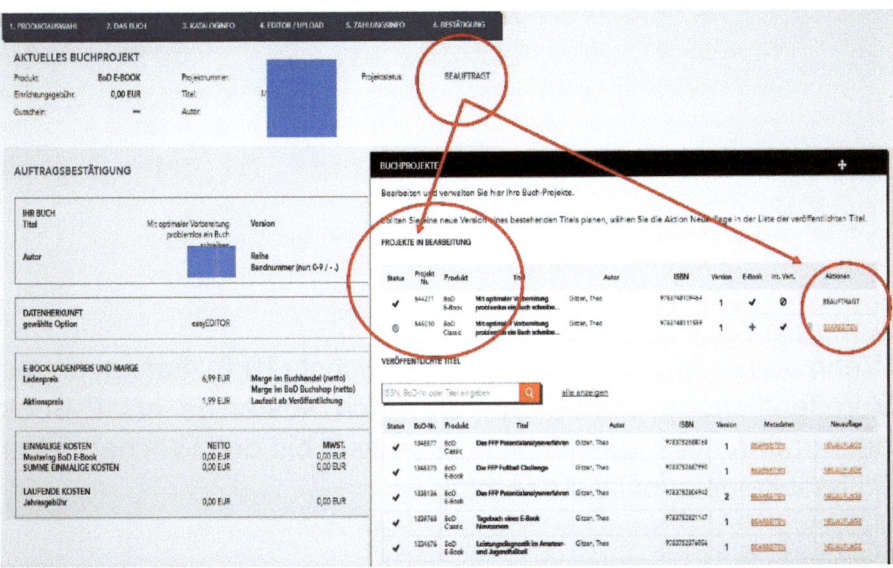

Parallel dazu erhältst du ein E-Mail zum Status „in Bearbeitung" und später, wenn es dann von BoD geprüft und freigegeben wurde, zur Veröffentlichung.

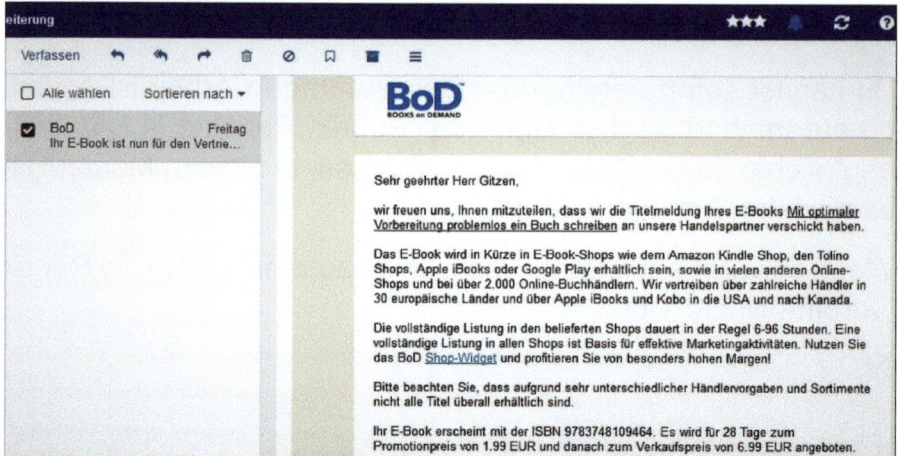

Wenn du dieses Mail erhalten hast, ist dein E-Book veröffentlicht.

Anmerkung:

Wenn du bei BoD ein Buch veröffentlichst (19 €), kannst du die Veröffentlichung deines Buches auch kostenlos als E-Book beantragen. Das dauert dann zwar zwei bis drei Wochen, aber du hast keine zusätzliche Arbeit.

Kommen wir nun zur Veröffentlichung deines

Buches

Das Veröffentlichen eines Buches geht, sofern du alle Voraussetzungen (Cover, Text und Bilder im PDF-Format) geschaffen hast, spielend einfach.

Du hast den Menüpunkt „Editor/Upload" bei BoD erfolgreich gespeichert. Nun klickst du auf den Reiter „Zahlungsinfo", kontrollierst da noch einmal alle Daten, wie Buchpreis etc.. Wenn alles OK ist, speicherst du und klickst auf weiter. Jetzt bist du im letzten Menüpunkt vor der endgültigen Veröffentlichung deines Buches. Du folgst den Vorgaben bei BoD, machst dein Häkchen bei „Ich akzeptiere die Geschäftsbedingungen" und klickst dann auf „Veröffentlichen" bzw. „Freigabe zur Veröffentlichung".

Fertig!

Jetzt erhältst du ein E-Mail mit der Auftragsbestätigung.

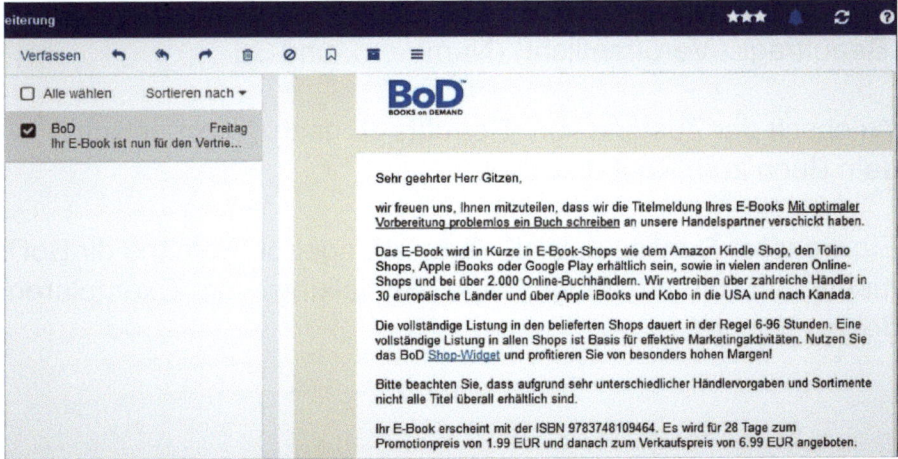

Gleichzeitig kannst du natürlich bei „mybod" den aktuellen Be-
arbeitungsstand deines Buches (Bücher) verfolgen.

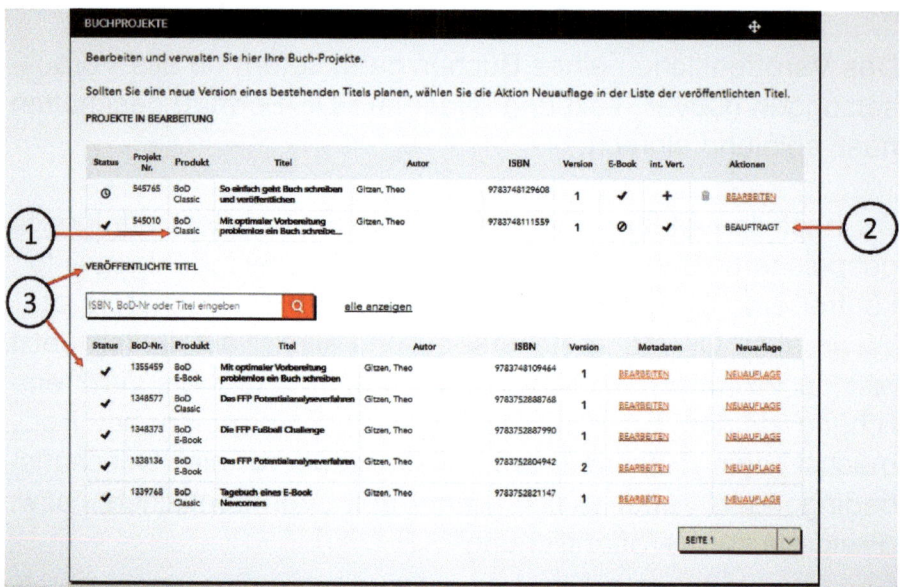

Sehr übersichtlich gestaltet, kannst du der Auflistung
entnehmen, um welche Art des Buches es sich handelt (1 und
3) und in welchem Aktionszustand es sich befindet (Bearbeiten
-Beauftragt - Veröffentlicht) (Nummer 2 und 3).

Wechselt der Zustand von „Beauftragt" nach „Veröffentlicht", ist
dein Buch zum Kauf erhältlich.

Ein weiterer Service und ein Autorenangebot, welches dir BoD
macht, ist die kostengünstige Bestellung von Exemplaren
deines Buches.

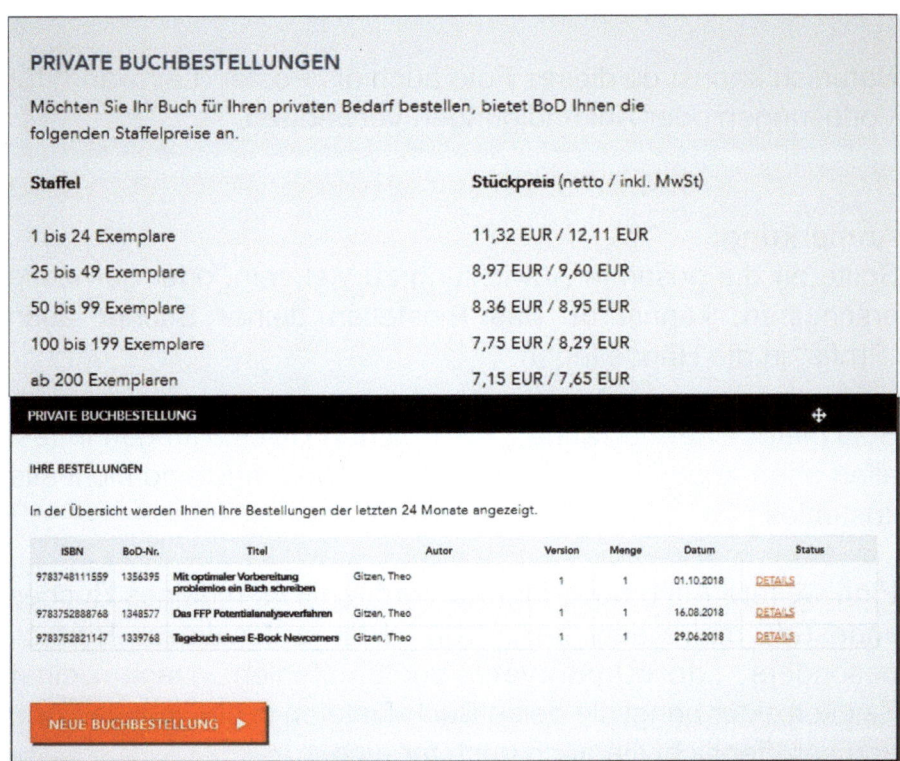

PRIVATE BUCHBESTELLUNGEN

Möchten Sie Ihr Buch für Ihren privaten Bedarf bestellen, bietet BoD Ihnen die folgenden Staffelpreise an.

Staffel	Stückpreis (netto / inkl. MwSt)
1 bis 24 Exemplare	11,32 EUR / 12,11 EUR
25 bis 49 Exemplare	8,97 EUR / 9,60 EUR
50 bis 99 Exemplare	8,36 EUR / 8,95 EUR
100 bis 199 Exemplare	7,75 EUR / 8,29 EUR
ab 200 Exemplaren	7,15 EUR / 7,65 EUR

PRIVATE BUCHBESTELLUNG   ✛

IHRE BESTELLUNGEN

In der Übersicht werden Ihnen Ihre Bestellungen der letzten 24 Monate angezeigt.

ISBN	BoD-Nr.	Titel	Autor	Version	Menge	Datum	Status
9783748111559	1356395	Mit optimaler Vorbereitung problemlos ein Buch schreiben	Gitzen, Theo	1	1	01.10.2018	DETAILS
9783752888768	1348577	Das FFP Potentialanalyseverfahren	Gitzen, Theo	1	1	16.08.2018	DETAILS
9783752821147	1339768	Tagebuch eines E-Book Newcomers	Gitzen, Theo	1	1	29.06.2018	DETAILS

NEUE BUCHBESTELLUNG ▶

Warum ist das so gut?

Erstens hast du ein persönliches Exemplar deines Buches, zum anderen kannst du natürlich auch Promotion-Aktionen wie: Vorlesungen, Messestand, Autorenaktionen bei Buchverlagen etc., durch den Verkauf deiner Bücher direkt vor Ort, durchführen.

Ein weiterer Punkt, du kannst Bücher verschenken oder sie als Belegexemplar zur Bewerbung für weitere Aktionen verwenden.

P.S. mach ein schönes Foto von dir (mit deinem Buch in der Hand) und verwende es als „Hingucker" für deine Homepage, Facebook und Pressemitteilungen.

Natürlich kannst du dieses Foto auch als Poster (Leinwand) für Vorlesungen oder Ankündigungen verwenden.

Anmerkung:

Sollte dir die gesamte Abwicklung zu viel sein, oder gar lästig erscheinen, kannst du das Einstellen deiner Bücher auch „Profis" in die Hände legen.

BoD bietet eine Vielzahl an zusätzlichen Hilfestellungen in fast allen oben angeführten Bereichen an. Allerdings sind nicht alle kostenlos.

Eine weitere Alternative für das Veröffentlichen deines Buches findest du mal wieder bei „Fiverr". Hier ist für diesen Bereich besonders **„dorothydreyer"** zu empfehlen. Nach deiner Textkorrektur bringt sie deine Buch-Dateien in die richtige Form und veröffentlicht sie auch noch für dich.

Was du jetzt noch tun solltest

ÖFFENTLICHKEITSARBEIT
Ob Buch oder E-Book – alle sollen es wissen!

Es ist ein unheimlich gutes Gefühl, wenn du weißt, dass dein Buch/E-Book nun in ganz Deutschland und quasi in vielen weiteren Ländern über Buchshops angeboten wird.

Das ist gut so.
Von Woche zu Woche kannst du bei BoD sehen, wie viele Bücher du verkauft und was du bis dato verdient hast.

Aber du kannst noch etwas mehr tun!
Mach alle Besucher deiner Homepage, Twitter, Instagram und Facebookseite auf dein Buch aufmerksam.

Führe alle Seiten-Besucher und Freunde direkt auf deinen Buchshop
Mit dem Widget installierst du ein tolles Bild deines Buches, mit vielen zusätzlichen Informationen, sowie der Möglichkeit des „Probelesens"

Das geht ganz einfach.

BoD stellt dir unter Shop-Widget (auf mybod) ein Tool zum Einpflegen/Ankündigen auf deinen Seiten (Homepage, Twitter und Facebook) zur Verfügung.

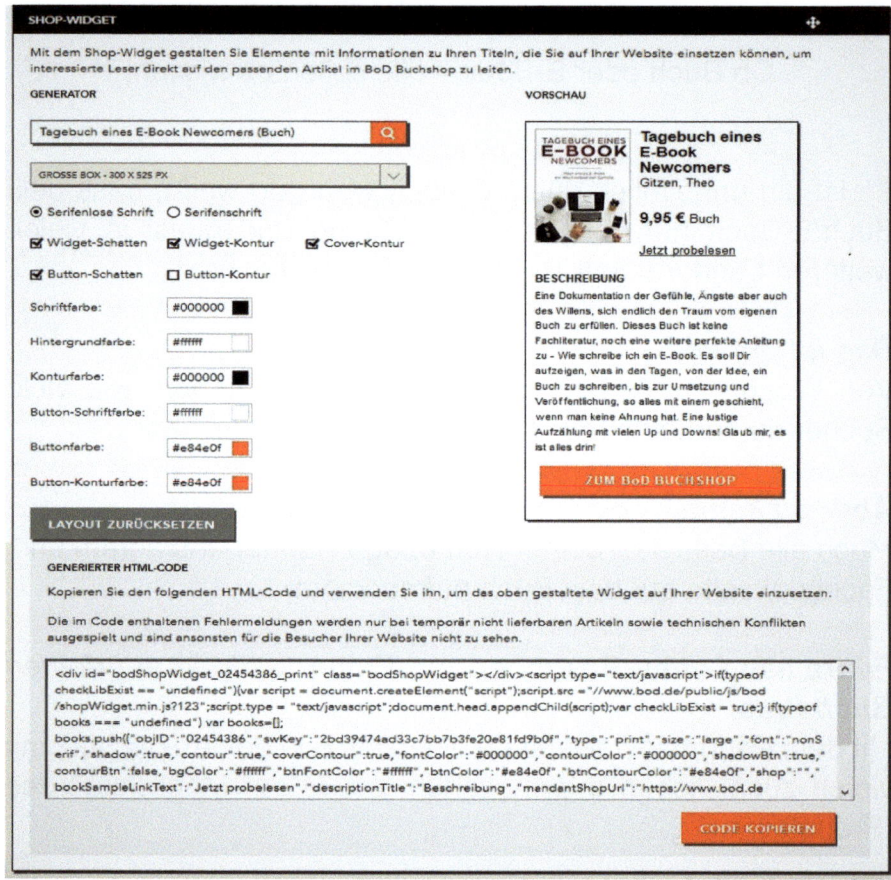

Sobald du den Code kopierst und dort einfügst, erscheint ein Bild inkl. Beschreibung und Link zum Buchshop.

Beispiel „Homepage"

Beispiel „Facebook"

Durch diese Aktionen erreichst du, je nach Besuchergrad deiner Seiten, eine Menge Besucher, die eventuell dein Buch kaufen oder es weiterempfehlen (teilen).

Gleiches kannst du natürlich auch auf Twitter, Instagram und anderen Social-Media-Portalen machen.

Denke daran. Diese Möglichkeiten (Portale und deren Freunde), solltest du auf jeden Fall nutzen. Aber das bedeutet, sie auch regelmäßig zu pflegen, dich Gruppen anzuschließen und Freunde zu gewinnen und einzuladen deine Seite zu abonnieren.

Beispiel: Pressemitteilungen"

Ein weiterer wichtiger Punkt sind die „Pressemitteilungen".

Keine Angst. Das kostet nichts und ist schnell und einfach umzusetzen.

Dazu suchst du dir über Google „kostenlose online Presseportale" zum Veröffentlichen (PR-Online). Nun schreibst du in Word einen zweiseitigen Pressebericht und lädst ihn überall dort, wo du dich angemeldet hast, hoch.

Dadurch erreichst du eine noch größere Verbreitung deines Buches und somit auch ein besseres „Ranking" bei den Suchmaschinen. Möglicherweise auch zusätzliche Buchverkäufe.

Du kannst natürlich auch alle deine privaten Kontakte per E-Mail oder WhatsApp informieren.

Letzterer und direkter Verkaufsweg ist die Promotion und der Verkauf deiner Bücher durch Vorlesungen und Präsentationen.

Dazu musst du dir aber Bücher zulegen und diese meist persönlich interessierten Lesern anbieten.

Zusammenfassung
Alle Schritte in der Kurzübersicht

Damit du dich von allen, vorher beschriebenen Schritten nicht überfordert fühlst, hier nun noch einmal alle Schritte in Kurzform für dich zusammengefasst.

1. Dein Text ist fertig

Du hast dein Buch geschrieben (du bist fertig und es gibt nichts mehr zu verändern) und den Text als Textdatei abgespeichert.

2. Die professionelle Korrektur

Du kontaktierst nun deinen Freelancer (Fiverr) z.B. Julia_gl, sagst ihr, wie viele Worte dein Text enthält und bittest um ein Angebot. Wenn du dieses erhalten hast und einverstanden bist, sendest du ihr deine Textdatei über Fiverr zu. Nach wenigen Tagen erhältst du die korrigierte Datei zurück.

3. Bilder vorbereiten

Während dein Text bei der Korrektur ist, suchst du deine Bilder (sofern du Bilder/Zeichnungen/Grafiken in deinem Buch verwenden möchtest) aus. Das können deine eigenen oder gekaufte Bilder (zum Beispiel bei Fotolia) sein. Verwendest du Bilder von Dritten, denke an das Urheberrecht und die Freigabe zur Veröffentlichung.

Alle Bilder solltest du in einer ausreichenden Auflösung (Größe) mind. 300 DPI erstellen und nach der Vorgabe in einem Textdokument der Reihe nach benennen (durch-nummerieren) und abspeichern.

4. Veröffentlichung vorbereiten

Bei BoD oder einem anderen Buchverlag, den du ausgewählt hast, beginnst du nun dein E-Book/Buch anzulegen. Dazu folgst du den Anweisungen und füllst Menüpunkt für Menüpunkt aus, solange bis du zu den Punkten kommst, deine Textvorgaben einzugeben bzw. hochzuladen. Diesen Aufforderungen kommst du erst nach, wenn dein korrigierter Text bzw. deine gestaltete PDF-Datei (fürs Buch) vorliegen.

5. E-Book/Buch veröffentlichen

Dies ist der letzte Punkt, den du erfüllen musst, bevor dein Buch im Handel erscheint. Dazu bestätigst du bei **mybod** die Menüpunkte der Zahlungsinformationen und gibst dein Buch unter „Bestätigung" zur Veröffentlichung frei. Je nach Zeitraum der Prüfung (einige Tage) wird ein Buch/E-Book über deinen Buchverlag (BoD) in vielen anderen Buchverlagen (Amazon etc.) für den Leser zu beziehen sein.

6. Deine Marketing Aktivitäten

Zur Verkaufsförderung solltest du dir eine eigene Facebook-seite bzw. Homepage zulegen. Twitter und Instagram Accounts verstärken den Verbreitungsgrad um ein weiteres. Dort kannst du jederzeit eigene Beiträge, sowie auch den direkten Link zum Buchshop veröffentlichen. Auf keinen Fall solltest du Pressemitteilungen vergessen. Diese kannst du über jedes freie Presseportal problemlos, auch mit Bild, veröffentlichen. Fax- und Mailaktionen, sowie Promotiontouren zu Ausstel-lungen und Buchverlagen tragen ebenfalls zum Erfolg bei.

Fertig!

Zum Schluss

In meinem Band 2 und nun auch Band 3 habe ich dir alle notwendigen Informationen zum Thema „Erfolgreich ein Buch veröffentlichen" detailliert und Step by Step präsentiert.

Es liegt nun ganz alleine an dir, was du daraus machst. Wohlgemerkt es geht dabei nicht um das „Schreiben" selbst, sondern vielmehr um das „Drumherum".

Vergiss nicht,

hast du dich einmal eingerichtet, Ordner angelegt, bei unterstützenden Partnern und auch einem Buchverlag angemeldet (BoD), brauchst du dich quasi nur noch auf das Schreiben selbst zu konzentrieren.

Hast du dann dein erstes Buch veröffentlicht und hältst es das erste Mal in deinen Händen, wirst du mir recht geben und sagen, es hat sich gelohnt ein wenig Zeit und Mühe zu investieren um sich nicht im „Chaos" zu verzetteln.

Ich wünsche dir viel Erfolg bei deinem Ersten und bestimmt auch zweiten, dritten… Buch.

Ich bin sicher

Du schaffst es!